दम्भद्वीप

दम्भद्वीप

विजय तेंडुलकर

अनुवाद
सरोजिनी वर्मा

वाणी प्रकाशन

वाणी प्रकाशन
4695, 21-ए, दरियागंज, नयी दिल्ली 110 002
शाखा
अशोक राजपथ, पटना 800 004
फ़ोन : +91 11 23273167 फ़ैक्स : +91 11 23275710
www.vaniprakashan.in
vaniprakashan@gmail.com
sales@vaniprakashan.in

DAMBHADWEEP
by Vijay Tendulkar
Translated by Sarojini Verma

ISBN : 978-93-87330-99-3
Play

प्रथम (वाणी) संस्करण

मूल्य : ₹ 250

सिटी प्रेस, दिल्ली-110 095 में मुद्रित

वाणी प्रकाशन का लोगो मक़बूल फ़िदा हुसेन की कूची से

‘सखाराम बाइण्डर’ से पूर्व लिखा तथा खेला गया विजय तेण्डुलकर का यह नाटक अपने में नितान्त अनूठा है। लेखक द्रष्टा होता है यह सुना था। अपनी आँखों के आगे चरितार्थ होते तभी देखा जब कल्पना में बरसों पहले उरेहा हुआ यह नाटक इतिहास के रंगमंच पर साकार हो उठा। नाटक का अनुवाद मैंने पूरा किया और देश में ‘इमरजेंसी’ का शिकंजा कस उठा। नाटक का दुर्भाग्य ही कहूँगी कि उस समय इसका मंचन तो दरकिनार, कमरे में बैठकर इस पर चर्चा भी वर्जित हो उठी। दो वर्ष की क़ैद के बाद ही यह नाटक तेण्डुलकर के दर्शकों और पाठकों के सम्मुख प्रस्तुत हो सका। अन्त बदलने की बात तेण्डुलकर जी से उठायी थी। किन्तु सही अन्त क्या है यह कौन जानता है!

–सरोजिनी वर्मा

पात्र

महाराजाधिराज विचित्रवीर्य

विजया

प्रन्नारायण

व्रात्यसोम

भगदन्त

कर्कशीर्ष

पिष्टकेशी

अरण्यकेतु

कलमधारी-एक, कलमधारी-दो

चित्रकार

पहला अंक

पहला दृश्य

[परदा उठता है। रंगमंच पर खड़ा हुआ अकेला प्रन्नारायण]

प्रन्नारायण : *(आगे बढ़कर)* दम्भद्वीप की ओर से मैं आप सबका हृदय से अभिनन्दन करता हूँ। द्वीप के इस ऐतिहासिक मुक़ाबले को देखने के लिए इतनी बड़ी संख्या में आप यहाँ मौजूद हैं यह देखकर मुझे बड़ी प्रसन्नता हुई। मुझे विश्वास है कि आपको इस मुक़ाबले में आनन्द आयेगा। यह मुक़ाबला जिसे मैं आपके सामने अभी प्रस्तुत करने जा रहा हूँ बड़ा ही रोमांचकारी, अद्‌भुत और मनोरंजक है। 'न भूतो न भविष्यति' आपने ऐसा मुक़ाबला न देखा होगा। और देखने के बाद कभी भी इसे भुला नहीं सकेंगे। यह मुक़ाबला इतिहास की सच्ची घटना है। उस इतिहास की नहीं जिसे आप अभी तक पढ़ते आये हैं। उस इतिहास की भी नहीं जिसे किसी इतिहासकार द्वारा लिखवाया गया हो, बल्कि यह इसी दम्भद्वीप में घटी एक सच्ची घटना है। आँखों देखा इतिहास है। मैं इस मुक़ाबले में कहीं नहीं हूँ। इस मुक़ाबले को देखने के लिए आप जैसे प्रतिष्ठित दर्शक इतनी बड़ी संख्या में आये यह मेरे लिए सौभाग्य की बात है। बिना दर्शक के कोई भी तमाशा रंग नहीं लाता! दम्भद्वीप में आज भारी उत्सव है। आज की इस सज्जा से आपको अन्दाज़ लग ही रहा होगा। इस द्वीप के अखण्ड प्रतिपालक महामहिम

महाराज़ाधिराज विचित्रवीर्य महाराज हैं। आज उन्हीं के राज्याभिषेक की साठवीं सालगिरह है। आज द्वीप में सब तरफ़ उसी का उत्सव है। महाराजा विचित्रवीर्य के राज्य में ही मेरा जन्म हुआ। और मैंने जब से आँख खोली है अपने आपको राजमहल के रानी कक्ष में ही पाया है। मैं रनिवास का प्रतिहारी हूँ। क्योंकि तृतीय पन्थी हूँ और रनिवास में ऐसे तृतीय पन्थी ही रखे जाने की परम्परा है। मैं फिलहाल महाराजा की इकलौती बेटी विजयाराजे की सेवा में नियुक्त हूँ।

[अन्दर से विजयाराजे की पुकार, 'प्रन्नारायण!']

: लगता है राजकुमारी मुझे स्मरण कर रही है। मुझे जाना चाहिए।

[विजयाराजे इतने में स्वयं ही बाहर आ जाती है। हाथ में एक श्वेत कबूतर]

विजया : क्यों रे! कितनी देर से तुझे पुकार रही हूँ। कहाँ मर गया था तू बोल! बगीचे में तुझे पुकार-पुकार कर मेरा तो गला सूख गया।

प्रन्नारायण : बस आ ही रहा था राजकुमारी।

विजया : हुँः। बस आ ही रहा था, हर बार यही उत्तर! इधर देख, कबूतर अभी-अभी फड़फड़ाता हुआ आकर बगीचे में बैठ गया। कितना सुन्दर है न यह कबूतर? कितना सफेद, एकदम 'पापू' की दाढ़ी की तरह। यह मुझे इतना अच्छा लगा प्रन्नारायण कि मुझे एकदम तेरी याद आ गयी। देख, हैं न सुन्दर?

प्रन्नारायण : क्या राजकुमारी जी? कबूतर या कि आपके ये हाथ जिसमें यह बेचारा बन्द है!

विजया : जो पूछ रही हूँ उसका सीधे से उतर दे, नहीं तो अभी यही सुन्दर हाथ तेरी पीठ नोचकर खून निकाल लेंगे। अच्छा बोल, यह अचानक अपने महल के बगीचे में कहाँ से आ गया?

प्रन्नारायण : महल के बाहर की प्राचीर से उत्तर कर आ गया होगा।

विजया : मगर वहाँ कैसे पहुँचा?

प्रन्नारायण : परम्परा से!

विजया : परम्परा कैसी?

प्रन्नारायण : आप फिर भूल गयीं राजकुमारी! आज आपके पिता के राज्याभिषेक की साठवीं सालगिरह है। आज उसी का उत्सव है। पिछले साल आज के दिन उनसठ कबूतर उड़ाये गये थे और आज साठ। अभी कुछ देर पहले ही तो बाहर की प्राचीर से सफेद कबूतरों का झुण्ड का झुण्ड उड़ा था। उन्हीं में से यह एक आपके उद्यान में उतर आया होगा। राजमहल की रंगीनी छोड़कर जाना कबूतर को भी अच्छा नहीं लगता।

विजया : मेरे पंख होते तो मैं कब की उड़कर यहाँ से बहुत दूर चली गयी होती। इतनी दूर कि जहाँ से लौटकर भी न आती। मगर प्रन्नारायण, बाकी उनसठ कबूतर कहाँ होंगे?

प्रन्नारायण : यहीं कहीं आस-पास। पक्षियों की यह जाति भी आदमियों की तरह होती है। भटकेंगे नगर-भर मगर लौटकर अपने बसेरे पर ही आयेंगे। जाना-पहचाना बसेरा उन्हें खुले आसमान से ज़्यादा अच्छा लगता है।

विजया : तो फिर इन्हें मुक्ति देने से फायदा क्या?

प्रन्नारायण : इन्हें मुक्ति देना भी कोई राजनीतिक उपचार होगा राजकुमारी। आप चलकर स्नान कर लें और उत्सव के अनुरूप परिधान धारण कर लें। आज आपको विधिपूर्वक अपने पिता को बधाई देने जाना होगा। उसके लिए आपको अब तक तैयार हो जाना चाहिए था। मगर अभी तक आप...

विजया : मैं आज बधाई देने जाऊँगी ही नहीं।

प्रन्नारायण : हर बार यही ज़िद। इस तरह की ज़िद करने से कोई लाभ नहीं, इस बात को आप खूब अच्छी तरह जानती हैं।

विजया : मगर इस बार मैं सचमुच ही नहीं जाऊँगी। मैं इन कबूतरों की तरह पापू का राजनीतिक उपचार नहीं बनना चाहती। मैं अब बेवकूफ नहीं हूँ। सब समझती हूँ। विचार कर सकती हूँ।

प्रन्नारायण : विचार करना अच्छा नहीं राजकुमारी। विचार न करने वाले न जाने कितने लोग इस राजमहल के भोग-विलास में लिप्त होकर आनन्द और मस्ती से रह रहे हैं।

विजया : तू मुझसे न मिला होता तो मैं भी उनकी ही तरह विचार न करती होती। वह लोग शायद तुझसे नहीं मिले होंगे। मुझे तू ही तो विचार करने को बार-बार मजबूर करता है। और जब उत्तर देने का समय आता है तो कन्धे उचकाकर बात टाल देता है।

प्रन्नारायण : *(कन्धे उचकाकर)* मुझ पर अकारण आज यह क्रोध क्यों राजकुमारी? मैं तो हर बार आपके प्रश्नों का उत्तर देने की कोशिश करता हूँ।

विजया : तू नालायक है। मगर तू बड़ा कोमल है। तू इतना कोमल क्यों है? तू मेरे पिता की तरह कठोर क्यों नहीं है?

प्रन्नारायण : क्योंकि मैं पिता नहीं हूँ। मैं प्रतिहारी हूँ। राजकुमारी! आप चल कर स्नान कर लें। और उत्सव के लिए परिधान धारण कर लें।

विजया : चल! मगर आज मुझे तू स्नान करायेगा।

प्रन्नारायण : *(सकुचाकर)* मगर आप अब बड़ी हो गयी हैं राजकुमारी।

विजया : तो क्या हुआ?

प्रन्नारायण : *(कुछ हिचक के साथ)* बड़े होने पर स्नान व्यक्तिगत काम हो जाता है।

विजया : *(ताली बजाकर)* अरे, वाह वाह! और पानी देखेगा तब? चल! यह सब कुछ नहीं। तुझे आज मुझको स्नान कराना होगा। नहीं तो चल, तू मेरे केश धो दे! फिर मैं तेरा वह व्यक्तिगत काम करती हूँ चल! *(कुछ क्षण उसके उत्तर की प्रतीक्षा करती है फिर)* नहीं तो जा मैं आज स्नान नहीं करती। फिर तू जाने और तेरा काम! पापू जो दण्ड देंगे उसे तू भोगेगा। उनकी जवाबदेही भी तू ही करेगा। मैं नहीं।

प्रन्नारायण : *(विवश-सा होकर)* चलिए।

[आगे-आगे विजया विजेता-सी, पीछे-पीछे प्रन्नारायण जाते हैं।]

दूसरा दृश्य

[नरसिंघातूर्य की ध्वनि। पीछे वाला परदा राजमहल के भीतरी कक्ष में खुलता है। कुशल राज कार्यकर्ता व्रात्यसोम, भगदन्त, कर्कशीर्ष तथा पिष्टकेशी खड़े हैं। सबके चेहरे पर ऊब का भाव। कुछ अलग हटकर अकालवृद्ध से लगते हुए राजकार्य-धुरन्धर अरण्यकेतु खड़े हैं।]

कर्कशीर्ष : आदेश मिला था कि दरबार के बाद तुरन्त आकर भेंट कीजिए। भागा दौड़ा चला आया। अब यहाँ आये एक घण्टा हो गया है। अभी तक कहीं पता ही नहीं। हुँः। *(चेहरे के उतार-चढ़ाव से मन का उद्वेग ज़ाहिर है।)*

पिष्टकेशी : वही हमेशा का तमाशा। जो ढकोसला हर साल के राज्याभिषेक के उत्सव पर होता है वही इस सालगिरह पर भी। दरबार के बाद जनता को इकट्ठा कर पाँच हज़ार तरह के विषय पर भाषण। अभी भी हुज़ूर का प्रवचन चलता ही जा रहा होगा। अभी थोड़ी देर पहले जब मैंने सुना था तब वह ग्रेहाउंड कुत्तों की नस्ल बढ़ाने पर प्रवचन दे रहे थे। उनका कहना है कि जैसे संसार के प्राणियों में मनुष्य है वैसे ही कुत्तों में ग्रेहाउंड कुत्ता! यानी कि ग्रेहाउंड कुत्ता मनुष्य के समान है। फिर वह इस पर बोलने लगे कि द्वीप में सरपत जैसी घास की पैदावार बढ़ाने पर ज़ोर देना चाहिए।

व्रात्यसोम : उससे पहले वह द्वीपवासियों को समझा रहे थे कि द्वीप के वासियों के लिए अध्यात्म कितना ज़रूरी है। अरण्यकेतु! आपने जब सुना तब विषय क्या था?

अरण्यकेतु : भोजन में लवण की आवश्यकता पर बल। मगर वैसे मैं अच्छी तरह से सुन नहीं सका।

व्रात्यसोम : कर्कशीर्ष, इन दोनों ही चीज़ों के बारे में आपकी राय क्या है? मेरा मतलब लवण और सरपत की पैदावार?

पिष्टकेशी : किस तरह की राय आप इनसे चाहते हैं? महाराज के सामने दी जाने वाली या पीठ पीछेवाली?

कर्कशीर्ष : मैं दो तरह की राय नहीं रखता। यह बात दीगर है कि महाराज के सामने चुप हो जाऊँ। यह मुँह देखी चापलूसी आपका गुण-धर्म है मेरा नहीं। सत्य को दबा जाना या झूठी चापलूसी करना दोनों एक ही है। कम-से-कम मुझे तो दोनों में कोई फ़र्क़ नज़र नहीं आता। क्यों पिष्टकेशी? आप इस बारे में क्या कहते हैं?

पिष्टकेशी : वैसे आपकी सूचना के लिए बता दूँ कि पिछले चालीस बरस से आज तक मैं महाराज की झूठी चापलूसी ही करता आया हूँ। एक दिन भी इसमें व्यतिक्रम नहीं हुआ।

व्रात्यसोम : हाँ ऽ ऽ ऽ! अब महाराज उसे पकड़ न पायें यह अलग बात है। है न?

कर्कशीर्ष : मगर व्रात्यसोम। आपका हिसाब पक्का है। सरकार दिन को कहें रात, तो हम तारे दिखला दें वाली बात। आपके इस हुनर पर तो हम भी बिल्कुल वारी-बलिहारी हैं।

व्रात्यसोम : मैं तो पेट की रोजी-रोटी के लिए सब करता हूँ। राजनीति भी अपने लिए तो बस पेट का धन्धा है, फिर उसके लिए जो करना पड़े उसे करने में शरम कैसी।

कर्कशीर्ष : हुँः, तत्त्वहीन भूमिका!

व्रात्यसोम : तो आपने ही राजनीति में रहकर कौन-सा तीर मार लिया। आप जिसे तत्त्व कहते हैं उसे आपने भी घर की खूँटी पर सिर्फ़ टाँग रक्खा है। ज़िन्दगी भर महाराज की हुकुमगुलामी करने के सिवा और आपने किया ही क्या है?

पिष्टकेशी : किया क्यों नहीं! जाने कितनी बार महाराज की गलत बातों पर अपना मूक निषेध प्रकट करता रहा हूँ और एक बार नहीं हज़ार बार। क्यों व्रात्यसोम! ठीक कह रहा हूँ न?

व्रात्यसोम : हुँः मूक निषेध! ग्रेहाउंड कुत्ते की तरह!

कर्कशीर्ष : यह सरासर मेरा अपमान है। मैं इसे बर्दाश्त नहीं करूँगा।

व्रात्यसोम : अपमान? किसका कुत्ते का कि...

पिष्टकेशी : छोड़िए व्रात्यसोम! आपस में झगड़ा करने से क्या लाभ। हाँ एक कटु सत्य ज़रूर है और हमें इस बात को मानना

ही चाहिए कि हम सब एक डोर से नचाये जाने वाले कठपुतले बना दिये गये हैं।

[अरण्यकेतु खिड़की ज़रा-सी खोलकर बाहर झाँकते हैं।]

व्रात्यसोम : कहिए अरण्यकेतु। प्रवचन कहाँ पहुँचा? कुछ अन्त का अन्दाज़?

अरण्यकेतु : वही ब्रह्मचर्य का महत्त्व चल रहा होगा और क्या!

[व्रात्यसोम दोनों पाँव पसारकर आराम से बैठ जाते हैं।]

कर्कशीर्ष : भयंकर! साठ बरस हो गये। अभी भी महाराज को अपने राजमन्त्रियों के समय की कीमत का कोई महत्त्व समझ में न आये यह बड़े शर्म की बात है। हमारा समय क्या आलतू-फालतू है? हमारे क्या घर-परिवार नहीं? कम-से-कम मैं तो बाल-बच्चों वाला ज़िम्मेदार गृहस्थ हूँ।

व्रात्यसोम : वाह, वाह, वाह! अगर कहीं अभी महाराज आपकी बातें सुन लें तो कहेंगे, 'गृहस्थ व्यक्ति को सहनशील होना चाहिए।'

पिष्टकेशी : वैसे तो परिवार वाले आप भी हैं व्रात्यसोम! सिर्फ़ परिवार हर बार ज़रा अलग-अलग होते हैं। हः हः।

व्रात्यसोम : पेट के लिए राजनीति और मज़े के लिए बाकी ज़िन्दगी, ऐसा एक सीधा-सा विभाजन आपने बड़े मज़े में कर रखा है।

कर्कशीर्ष : हाँ मगर राजनीति से आपका पेट कभी भी नहीं भरा इसके तो न जाने कितने उदाहरण मैं दे सकता हूँ।

व्रात्यसोम : ठीक है! पर मैं अपना पेट भरने के लिए कम-से-कम दूसरों को तो आगे नहीं करता। जो करता हूँ अपनी ज़िम्मेदारी पर। यह न करता तो आज अपना खाता भी आपकी ही तरह बिल्कुल साफ़-सुथरा होता।

कर्कशीर्ष : यह आरोप नीचतापूर्ण है।

पिष्टकेशी : जाने दीजिए कर्कशीर्ष। व्रात्यसोम की तो चिढ़ाने की आदत है। इतनी बार तो आप देख चुके हैं फिर भी उत्तेजित हो जाते हैं। इतने बरस से राजनीति में रहने

वाले आदमी पर यह बात शोभा नहीं देती। राजनीति में रहने वाले को तो भगदन्त जैसा गैंडे की चमड़ी वाला होना चाहिए। कुछ कहिए, कुछ करिए, कोई असर नहीं।

[भगदन्त ज़रा-सा मुस्कराते हैं।]

कर्कशीर्ष : अरण्यकेतु! महाराज के भाषण का कोई अन्त अभी भी नहीं दिख रहा है न?

[अरण्यकेतु खिड़की खोलते हैं।]

अरण्यकेतु : परेड!

पिष्टकेशी : व्यायाम का महत्त्व। अपनी तकदीर अच्छी समझिए! कि महाराज को दरबार में योगासन की नहीं सूझती नहीं तो...

व्रात्यसोम : राजनीति में एक ही आसन है पिष्टकेशी! शीर्षासन!

पिष्टकेशी : और महाराज को सूर्य नमस्कार!

[खिड़की से भीड़ का प्रचण्ड कोलाहल]

कर्कशीर्ष : राम राम राम! अब तो हद ही हो गयी। महाराज की सेवा में ज़िन्दगी गुज़ार दी! बूढ़े हो गये। मग़र महाराज का अभी भी यह व्यवहार। आखिर यह आदमी अपने आपको समझता क्या है?

व्रात्यसोम : अगर महाराज के कान तक यह बात पहुँची न कर्कशीर्ष ...वैसे मैं तो कम-से-कम नहीं पहुँचाऊँगा...अपने को चुगलखोरी में रस नहीं आता...मगर हर बार की तरह अगर इस दफे भी उनके कान तक यह बात पहुँची *(पीठ किये अरण्यकेतु की ओर इशारा)* तो नतीजा क्या होगा यह ज़रा सोच लीजिएगा। महाराज और महाराज के आदमी। बाप रे...शान्तं पापं! देहान्त प्रायश्चित्त!

कर्कशीर्ष : मैं तो आज चालीस बरस से देखता आ रहा हूँ। आखिर हम लोगों ने अब तक सब सहा ही है। क्यों अरण्यकेतु?

अरण्यकेतु : *(खिड़की से झाँकते हुए उत्साह में जल्दी से)* प्रवचन... मतलब कि भाषण समाप्त हो गया।

[बाहर जनता द्वारा जयघोष]

महाराज अब इस तरफ़ को चल पड़े हैं।

[सब अपने-अपने कपड़े झाड़कर सीधे तनकर खड़े

हो जाते हैं। कर्कशीर्ष अभी भी ज़रा नाराज़ लगते हैं।]

व्रात्यसोम : भगदन्त का अपना अच्छा रहता है। गोल लुंगी ज़रा सी इधर-उधर झाड़ दी फिर महाराज क्या महाराज के बाप आ जायें तो वह भेंट करने को तैयार।

[भगदन्त मुस्कराते हैं। जयघोष निकट से उठता हुआ सुनाई देने लगा है। फिर ललकार की आवाज़ आती है।]

ललकार : दम्भराज्याधिपति, सकलगुण गौरव, रण भैरव, विद्या कला राज्यकाजादि चतुर, कल कलरव, सत्चरित, सत्प्रेरित, सकल शास्त्र पण्डित, सद्सद विवेक मण्डित, चिरयुवा, चिरपावन, चिरायु, सर्व-पीड़ा हारक, समस्त दांभिक, राज्य प्रतिपालक, सम्राट पद धारक, दुष्ट निर्दालक, पापक्षालक, महाराजाधिराज विचित्रवीर्य पधार रहे हैं।

[मन्त्रीगण सीधे तनकर एक पंक्ति में खड़े हो जाते हैं। विचित्रवीर्य का आगमन। जप्पल बूढ़ा, सफ़ेद मूँछ दाढ़ी, चेहरे से पूरा घाघ। उनके पीछे एक दीन-हीन कंगाल-सा चित्रकार चित्र बनाने के उपकरणों के साथ आता है। विचित्रवीर्य की पोशाक ऊलजलूल और अनोखी है।]

मन्त्रीजन : महाराजाधिराज की विजय हो!
महाराजाधिराज चिरायु हों!

[महाराज विचित्रवीर्य सिंहासन पर कूदकर बैठते हैं]

विचित्रवीर्य : वाह वाह, आज बहुत मज़ा आया। कर्कशीर्ष, भगदन्त, पिष्टकेशी! सबसे पहले हमने शुरू किया मिश्रित खाद से। हमने बताया कि उसके क्या-क्या फायदे हैं। और फिर आये सरपत की खेती पर। उसकी खेती से होने वाले फायदे के बारे में हमने अपने लोगों को समझाया। आपने भी तो सुना होगा?

[सब स्वीकारोक्ति में ज़ोर से सिर हिलाते हैं]

नहीं नहीं! हमारी स्मरण शक्ति अभी बिल्कुल ठीक है! अभी आपको नहीं बताया। पर आगे समय आने पर

ज़रूर आपको बता देंगे। हाँ! तो सरपत की खेती के फायदे बताने के बाद हम आये आटे से बने पकवानों पर। और शरीर पर उसके होने वाले ख़तरे के बारे में चेतावनी दी! अरे यह ख़तरा तो बस आप लोग समझिए कि...

[व्रात्यसोम को बहुत ज़ोर से खाँसी]

बहुत ही भयंकर है। मगर मैं असल में जिस बात पर बहुत अच्छा बोला वह थी...

पिष्टकेशी : ग्रेहाउंड कुत्तों की नस्ल बढ़ाने की...

विचित्रवीर्य : वाह वाह, पिष्टकेशी, वाह! मान गया! आप हमारे राजनीतिक दाँव-पेंच चाहे आज तक न समझ पाये हों पर हमारे भाषण के विषय में खूब पहचान गये हैं। मगर वह विषय यह नहीं था। बात जो सचमुच खूब जमी वह थी द्वीप में अध्यात्म का महत्त्व! और क्या कहूँ आपसे, बहुत मज़ा आया। समय कैसे गुज़र गया कुछ पता ही नहीं चला।

[कर्कशीर्ष भीतर ही भीतर उबलते क्रोध को दबा रहे हैं।]

लोग खुश हो गये। मस्त होकर झूमने लगे। हमें भी ज़रा-सी नींद आ गयी।

[अरण्यकेतु जंभाई रोकने का प्रयास करते हैं]

लोग मस्त हुए हम भी मस्त हुए। हम मस्त हुए तो लोग और भी मस्त हो गये।

व्रात्यसोम : *(तुरन्त बात बदलने की नीयत से)* वह आप जो नमक में भोजन का महत्त्व वाली बात कह रहे थे उसमें तो और भी ज़्यादा मज़ा आया होगा सबको।

विचित्रवीर्य : आप भी व्रात्यसोम हर बार की तरह इस बार फिर उलटा बोल गये। विषय था भोजन में नमक का महत्त्व। नमक में भोजन का महत्त्व नहीं! मगर उस मसले को तो बस छूकर आज हमने छोड़ दिया क्योंकि आज अपने राज्याभिषेक की साठवीं सालगिरह पर हमने अपनी प्रजा की बुद्धि-परीक्षा लेने की योजना बना रखी थी और

उसका विषय जो था वह इससे भी ज़्यादा महत्त्वपूर्ण था। बताइए आप लोग, वह क्या हो सकता है? पिष्टकेशी, आप चुप रहिए। इसे कर्कशीर्ष बतायेंगे।

[क्रोध को दबाने में कर्कशीर्ष को ठसका]

कर्कशीर्ष, खाँसी के लिए नमक के पानी का गारगिल कीजिए। बहुत फायदा करता है। आगे से जब कभी मुझसे भेंट करने आइए, गरारा करके ही आइए। आप लोग अब बूढ़े हो गये हैं। नहीं तो ज़रा हमारी तन्दुरुस्ती पर नज़र डालिए।

[एकाएक चित्रकार की तरफ़ निगाह जाती है]

वहाँ कौन खड़ा है?

चित्रकार : जी मैं चित्रकार, महाराज!

विचित्रवीर्य : जानता हूँ, जानता हूँ। इतने बेवकूफ नहीं हैं हम। मगर तू किसके हुकुम से आया है यहाँ?

चित्रकार : *(डरता हुआ)* आपके ही...आपकी एक शानदार तस्वीर मुझे बनानी है ऐसा हुकुम देकर आप मुझे यहाँ ले आये हैं।

विचित्रवीर्य : हम इनकार कहाँ करते हैं? मगर तू तस्वीर बनाने का काम छोड़कर इस तरह खड़ा क्यों है? हमने जो सवाल तुझसे शुरू में पूछे वह सिर्फ़ इसीलिए। तू आकर चित्र बना। इस बार हमारा अश्वारूढ़ चित्र बना। मगर चित्र बहुत शानदार बनना चाहिए।

चित्रकार : जो आज्ञा महाराज। *(तैयारी में जुट जाता है।)*

विचित्रवीर्य : आज के भाषण में कम से कम बीस हज़ार आदमी तो ज़रूर रहा होगा। पिछले साठ वर्षों में द्वीप की जनसंख्या जैसे-जैसे बढ़ती गयी, हमारे भाषण में आदमी बढ़ते गये। यह कितने मज़े की बात है, है न भगदन्त?

[भगदन्त मुस्कुराते हैं]

मुद्राभिनय नहीं भगदन्त। जो कहना है बोलकर कहिए।

भगदन्त : हाँ, बढ़ते गये।

व्रात्यसोम : *(चतुराई से)* किसकी हिम्मत है कि महाराज के विरुद्ध कोई षड्यन्त्र रचने की बात मन में लाये। महाराज का

सौभाग्य सूर्य दिन दूना रात चौगुना जगमगाता ही जा रहा है। क्यों पिष्टकेशी! सही कह रहा हूँ न?

पिष्टकेशी : इसमें क्या सन्देह है, क्यों कर्कशीर्ष?

कर्कशीर्ष : *(क्रोध को पीकर)* हाँ सही ही है!

व्रात्यसोम : द्वीप में हर तरफ़ महाराज की जय जयकार गूँजती ही रहती है।

पिष्टकेशी : महाराज द्वीप के सौभाग्य के एक अकेले विधाता हैं।

व्रात्यसोम : महाराज ही द्वीप हैं और द्वीप ही महाराज हैं।

अरण्यकेतु : महाराज के बिना दम्भद्वीप की कल्पना ही नहीं की जा सकती।

विचित्रवीर्य : यह कहने के लिए तो कम से कम आपने की ही होगी।

अरण्यकेतु : *(घबराकर)* नहीं नहीं! मैंने तो बस यूँ ही एक बात कही थी।

व्रात्यसोम : *(अरण्यकेतु की घबराहट में मज़ा लेते हुए)* बात का अर्थ क्या निकलेगा यह सोचे बगैर आंय-बांय कुछ भी टुप से बोल देना इन नौजवान मन्त्रियों की आदत होती है।

अरण्यकेतु : मगर मेरे कहने का ऐसा कुछ भी मतलब नहीं था। मैंने तो सिर्फ़ यही कहा था कि...

विचित्रवीर्य : खैर छोड़िए जो सच बात थी वह तो मुँह से निकल गयी, गलती से ही क्यों न निकली हो।

[अरण्यकेतु बहुत बेचैन]

सब लोग : *(एक साथ)* बिल्कुल ठीक महाराज, बिल्कुल ठीक!

विचित्रवीर्य : *(सिंहासन से नीचे उतर कर सब के बीच टहलते हुए)* वाह! बहुत अच्छा कहा! अहा हा! बहुत बढ़िया बात! कहीं कोई जवाब ही नहीं। मगर फिर हमारे पीठ पीछे यह सवाल उठता ही होगा कि हमारे बाद कौन? *(सब उलझन में)* बातें होती रहती हैं। खुसर-फुसुर कानाफूसी चलती रहती है, हमारी उम्र के लिए भी पूछ-ताछ की जाती है। यहीं नहीं, हमारे राजवैद्य से घूस देकर यह जानने की कोशिश की जाती है कि हमें कोई रोग लगा कि नहीं। लोग हमारी बीमारी की खुशखबरी सुनने को उतावले हैं। मगर वह ऊपर जो बैठा है न उसकी कृपा

से हम अभी एकदम टंच और हट्टे-कट्टे हैं। हम द्वीप के कल्याण के लिए अपने शरीर की देखभाल अपने आप करते हैं। मगर ख़बरें सारी की सारी हम तक पहुँचती रहती हैं।

[सब चुप]

इसीलिए आज खासतौर से हमने आप लोगों को बुलाया है। आप में कोई भी ऐसा नहीं है जो हमारे बाद द्वीप की बागडोर सँभाल ले। उसका कारण यह है कि हमने आज तक किसी को कुछ सीखने का मौक़ा ही नहीं दिया। राज्य के काम-काज की ज़िम्मेदारी हमने आप लोगों में बाँटी ज़रूर है मगर कोई निर्णय कभी आप लोगों को नहीं लेने दिया। वह सब हमेशा हम खुद ही लेते हैं। जहाँ तक जनता का सवाल है वह आँख बन्द कर सिर्फ़ हमारी पूजा करती रही है। अन्धी पूजा! और रहे आप! सो आप लोगों में आपस में एका नहीं है। आपमें से किस-किसने कब-कब मेरे कान भरे हैं यह अगर आप लोगों को बताने लगूँ तो परिणाम क्या होंगे यह आप खुद समझ सकते हैं। अगर हम आप सब को यहाँ से रफू-चक्कर कर अकेले ही राज कार्य का भार उठा लें तो भी कोई फ़र्क़ नहीं पड़ेगा। इसमें किसी को कोई शक है?

[सारे लोग चुपचाप सुन रहे हैं]

(स्वर बदलकर) सत्ता आप लोगों को कर्त्तव्य से ज़्यादा प्यारी लगती है। मन्त्री पद पाकर सेवा भाव आपने छोड़ दिया है। बस अपना-अपना स्वार्थ याद रह गया है। क्या द्वीप के तीन राष्ट्रपिता, चार युगपुरुष, छः अवतार और पचीस अमर शहीदों ने आपको यही सिखाया है? क्या यही शिक्षा दी है आपको? सत्ता क्या है? सत्ता के अर्थ क्या हैं? क्या आपने कभी यह समझने की कोशिश की है?

[अरण्यकेतु जंभाई लेने को हैं]

साठ बरस से हम इस सत्ता को झेल रहे हैं। हमने जाना

है कि सत्ता क्या है। सत्ता काँटों का ताज है, सत्ता सिर पर लटकती तलवार है। सत्ता यानी फाँसी का फन्दा है। सत्ता यानी ज़िम्मेदारियों का पहाड़ है। सत्ता यक्ष के कभी न ख़त्म होने वाले प्रश्नों का भण्डार है। सत्ता जैसा जंजाल कोई नहीं। सत्ता की तरह का बवाल कोई नहीं। ऊपर वाले से दिन-रात मनाता हूँ कि सत्ता का यह बोझ वह किसी को न दे।

[अरण्यकेतु रूमाल मुँह पर लगाकर जंभाई लेते हैं]

हमने यह बोझ उठाया है तो जनता की सेवा के लिए। सिर्फ़ कर्त्तव्य की बात सोच कर। सिर्फ़ इसलिए कि हमारे पिता ने हमें इस कार्य के योग्य चुना। हमने साठ बरस इस ज़िम्मेदारी का निर्वाह किया। सिर्फ़ यह सोच कर कि हमारे दम्भद्वीप को दुनिया के नक़्शे पर इज़्ज़त के साथ देखा जाये। व्रात्यसोम, पिष्टकेशी, कर्कशीर्ष, भगदन्त, अरण्यकेतु। आप सब लोग जनता की सेवा करें। सत्ता हम सँभाल लेंगे। सेवा भाव पर ज़्यादा ध्यान दें। भाई-भतीजावाद की चिन्ता छोड़कर परिश्रम से और ईमानदारी से सेवा करें। और एक बात ध्यान में रक्खें कि मैं किसी बात से बेखबर नहीं रहता। एक-एक बात की जानकारी हमें रहती है। आप लोग अब जाएँ। हमारी मंगल कामना आप सब के साथ है। अरण्यकेतु! आप अभी ज़रा ठहरें। कर्कशीर्ष, घर पहुँचते ही सबसे पहले नमक के पानी से गरारा करना न भूलिए। पहले तन्दुरुस्ती, फिर राजनीति!

[अरण्यकेतु के सिवा शेष सभी प्रणाम कर चले जाते हैं]

पिष्टकेशी : *(धीमे स्वर में कर्कशीर्ष से)* कहा था न आपसे बुड्ढा घाघ है पूरा!

विचित्रवीर्य : *(सबके चले जाने के बाद चित्रकार की ओर उन्मुख होकर, जो सिर थामे बैठा है)* क्यों रे! तू ऐसे सर पकड़कर क्यों बैठा है?

चित्रकार : आप हिलते हैं।

विचित्रवीर्य : कौन हिल रहा है? तू जैसे कहे वैसे ही बैठे रहेंगे!

[चित्रकार सिंहासन पर ही उन्हें घोड़े पर सवार जैसा बिठाता है]

जैसे तेजस्वी और रोबीले हम हैं वैसे ही हमारी तस्वीर बननी चाहिए। समझे चित्रकार! झुर्रियाँ बेमतलब बढ़ा न देना। ज़रा नज़दीक आकर आँखों को अच्छी तरह देख लें। हमारी आँखों की चमक और सुन्दरता ठीक ऐसी ही चित्र में आनी चाहिए। दाढ़ी-मूँछ बेमतलब ज़्यादा सफ़ेद न बना देना। और छाती पर खास नज़र रहे। देख अभी भी कितनी तनी हुई है। घोड़ा भी मेरे जैसे ही रोबीला रहे।

[अरण्यकेतु बहुत चकराए से घूर-घूरकर सब देख रहे हैं]

अरण्यकेतु तुम्हारा ध्यान है हमें!

[अरण्यकेतु चौंककर सिर झुका लेता है]

आप हमसे जवान होंगे मगर अनुभव में अभी बच्चे हैं। आपकी जवानी हमें अच्छी लगती है। बुद्धि भी आपकी काफ़ी अच्छी है। मगर ज़रा संगत से बचिए। लोग आपका भला नहीं देख सकते। हमारी इच्छा से चलिए। आपका कल्याण इसी में है। आप जैसे अनुभवहीन आदमी को हमने अपने मन्त्रिमण्डल में खामखा नहीं रखा है। मगर देखता हूँ मन्त्री बनने के बाद से आपका पेट भी बढ़ता ही जा रहा है। ज़रा इस पर ध्यान रखिए। यह सत्ता में आते ही बड़ी तेज़ी से बढ़ता है। जबकि दूरंदाज़ी बढ़नी चाहिए, बुद्धि बढ़नी चाहिए, उस समय तोंद बढ़ती है। सारी चतुराई तोंद में घूम-घूम कर रह जाती है। यह लक्षण अच्छा नहीं। ज़रा कसरत-वसरत कीजिए, ज़रा खाने में कमी कीजिए।

[विजयाराजे आती है]

विचित्रवीर्य : आ बेटी। ठीक तो होगी ही। ज़रा उसी तरफ़ रह। हम घोड़े पर सवार हैं।

विजया : आप घोड़े पर सवार हैं? वाह! और घोड़ा किस पर सवार है?

विचित्रवीर्य : अरण्यकेतु यह हमारी कन्या विजया। आप तो पहचानते ही होंगे। बेटी विजया, घोड़ा हमारे नीचे मानना चाहिए। वह उधर देख। वह चित्रकार हमारा अश्वारूढ़ चित्र बना रहा है।

विजया : मुझे तो आप ही घोड़े की तरह लग रहे हैं।

विचित्रवीर्य : हाँ बेटी। हज़ार घोड़ों की शक्ति हमारे इस शरीर में अभी भी है। यह सच है। अरण्यकेतु, इसकी बातों पर ध्यान न देना। यह हमारी इकलौती बेटी ज़रा नासमझ और बेवकूफ़ है। मगर हमारे लिए इसके मन में बहुत गर्व है और यह स्वाभाविक भी है। हमारे जैसा पिता इसे मिला है यह इसका परम सौभाग्य ही तो है। क्यों चित्रकार? देखों भौंह की कमानीदार लचक न छूट जाये। उसका बड़ा महत्त्व है। कन्या की तरफ़ न देखकर पिता की ओर देख। मेरा चित्र बना। और हाँ छाती, छाती पर ठीक से गौर कर ले। कितनी तनी हुई है। बेटी विजया, तू अभी यहाँ से चली जा!

विजया : आपको राज्याभिषेक की साठवीं सालगिरह पर बधाई देने आयी हूँ।

विचित्रवीर्य : चित्रकार! ज़रा बाधा। रुकना। प्रजा को सुखी करने के लिए हमें हज़ार बरस की उम्र मिले। दम्भद्वीप अमर हो। विजया बेटी! ले, हो गयी बधाई। तू जा अब।

विजया : पापू! मैंने आज नयी पोशाक पहनी है।

विचित्रवीर्य : हमने भी पहनी है। अरण्यकेतु! ज़रा बताना यह पोशाक कैसी लग रही है?

विजया : ढोंगी। बुड्ढा। *(चली जाती है। पीछे-पीछे प्रन्नारायण भी चला जाता है)*

चित्रकार : *(बहुत परेशान-सा)* आप हिलते हैं, बोलते हैं। बारीकी नहीं आने पाती।

विचित्रवीर्य : कौन हिलता है? हम? बिल्कुल नहीं! यह देख अब हम न हिल रहे हैं न बोल रहे हैं। देखिए अरण्यकेतु! अपने शरीर पर हमें भी कितना काबू है। *(तनकर बैठ जाते हैं। हिलते नहीं, बोलते नहीं। चित्रकार चित्र बना रहा*

है।) इस तरह कहिए तो हम सौ बरस तक बैठे रहें। अरण्यकेतु! आप अभी जाइएगा नहीं। चित्रकार! अब हम बिल्कुल ही नहीं बोलेंगे।

[चित्रकार चित्र बना रहा है। अरण्यकेतु एक पैर पर भार डालकर इधर-उधर देखते हुए किसी तरह खड़े हैं]

चित्रकार : *(कुछ देर बाद)* अब आप हिल सकते हैं।

[विचित्रवीर्य वैसे ही बैठे हैं]

अब आप चाहें तो बोल सकते हैं। *(विचित्रवीर्य उसी तरह। चित्रकार हैरान होकर कन्धे बिचकाता है)*

अरण्यकेतु : महाराजाधिराज! चित्र का काम पूरा हो गया। आप अब उठ सकते हैं।

[विचित्रवीर्य उसी तरह। चित्रकार देख रहा है। अरण्यकेतु देख रहे हैं। चित्रकार डरते-डरते उठता है। विचित्रवीर्य के पास जाता है। देखता है। देखता ही रहता है, भौचक्का-सा। अरण्यकेतु भी देखते रहते हैं]

चित्रकार : *(जैसे कोई विलक्षण बात जानी हो ऐसे भाव से अरण्यकेतु की ओर मुड़कर)* तो—तो...क्या...महाराज...

अरण्यकेतु : *(यह सुनते ही काँपने लगते हैं)* क्या?

चित्रकार : *(थूक निगलकर किसी तरह चित्र फलक के पास जाता है। विचित्रवीर्य की तरफ़ फिर एक बार देखता है, एकटक। फिर जल्दी से फलक झपटकर उठता है। दौड़ता हुआ बाहर जाने लगता है।)* आ...आखिर का दुर्लभ चित्र...दुर...लभ...चित्र *(फिर मुड़कर आँख फाड़-फाड़कर विचित्रवीर्य की तरफ़ देखता है)* द...दस ...हज़ार...बी...बीस...हज़ार...प...पन्द्रह...हज़ार...प... पचीस हज़ार *(भागता हुआ बाहर निकल जाता है)*

[मंच पर अकेला अरण्यकेतु और एकदम निश्चल विचित्रवीर्य। अरण्यकेतु तेज़ी से उनके पास जाता है। घबराया हुआ-सा किसी तरह से एक हाथ उनकी तरफ़ बढ़ाता है। स्पर्श होते ही चौंककर पीछे खींच

लेता है। हताश होता है। परेशान होता है। एक पागल की तरह हँसने को होता है। फिर भयभीत होकर चुप हो जाता है। सिर खुजलाता है। अब उसे पूरी तरह से विश्वास हो जाता है। ताली मारता है। फिर खुद ही चौंक पड़ता है। प्रन्नारायण आता है, सेवक के रूप में।]

अरण्यकेतु : *(जेब से रूमाल निकालकर आँख पर लगाकर)* हमारे महाराजाधिराज अचानक परलोक को चले गये। द्वीप पर वज्राघात हो गया। मेरा तो सब कुछ लुट गया।

[बार-बार अविश्वास के साथ निश्चल बैठे हुए विचित्रवीर्य की तरफ़ देखता है। परदा गिरता है। शोक भरा पार्श्व संगीत।]

तीसरा दृश्य

[काले कपड़ों में दो कलमधारी मंच पर आते हैं। दोनों के हाथ में भाले जैसी लम्बी-लम्बी कलमें। नेपथ्य में ढोल नगाड़े की धुन। इनके पीछे-पीछे पाँचों मन्त्रीजन बोझिल कदमों से एक-एक कर मंच पर आते हैं। शोक के भार से सिर झुकाए हुए। वे एक ओर के विंग से आते हैं और दूसरी ओर के विंग से चले जाते हैं। चाल ऐसी जैसे किसी शवयात्रा में चल रहे हों। सबसे पीछे अरण्यकेतु।]

कलमधारी : *(ढोल नगाड़े की धुन पर बारी-बारी से)*
हुआ दुपहरी में अँधियार
मचा द्वीप में हाहाकार
सूरज डूबा / हाय नसीबा
एक हुआ पागल / हाय रोया सागर
छः ने दे दी जान / द्वीप हुआ श्मशान
मिटे सब आधार / वज्रपात हाहाकार

गरीबों का सहारा / दीन दुखियों का प्यारा
श्रेष्ठतम मानव / महानतम वक्ता
कार्य कुशल नेता / सुजान राज्यकर्त्ता
हुआ सरकारी आदेश / पूरे मास मातमी देश!

दोनों : *(साथ-साथ)* महाराज विचित्रवीर्य अमर रहें!

[नेपथ्य में ढोल नगाड़े की धुन पर रुदन भरा कोरस 'महाराज विचित्रवीर्य अमर थे'। यह कोरस बार-बार चलता रहता है। पाँचों मन्त्री फिर उसी पोज़ में पंक्तिबद्ध उल्टे चलते हुए जिस विंग से आये थे उसी विंग की तरफ वापस जाने लगते है। अब उनके सिर उतने दुःख के बोझ से झुके नहीं हैं। उनके जाते ही कलमधारी फिर बोलते हैं।]

कलमधारी : *(ढोल नगाड़े की धुन पर बारी-बारी से)*
महाराज विचित्रवीर्य महान थे / महान थे पर अनजान थे पर वह थे और उनसे द्वीप भी / सभी ठीक पर बेठीक भी जहाँ गुण था वहाँ दोष भी / सत्ता का मद था तो लोभ भी उम्र के साथ हठ बढ़ता है / अहंकार बड़े-बड़ों को छलता है चाँद में भी कलंक होता है / काटता वही है जो बोता है किया कल्याण तो जड़ भी काटा / जितना खोदा होगा खुद ही पाटा लेते गये साथ जितना कुछ बाँटा/ जनता के विश्वास को लगा चाँटा असली मुद्दों पर टालमटोल / विशेष बातों पर एकदम गोल गधे गये और गया ब्रह्मचर्य भी / दोनों का ही उन्मूलन हुआ यों सही

[एक क्षण दोनों चुप। फिर दोनों साथ-साथ]

आखिर वह भी तो मनुष्य थे पर महाराज विचित्रवीर्य अमर थे!

[कुछ कम रुदन भरा कोरस। ढोल नगाड़ा पहले से तेज़ लय में चलता रहता है। पाँचों मन्त्री अपनी-अपनी तोंद सँभालते हुए तेज़ी से एक विंग से आकर दूसरे विंग में चले जाते हैं। दुःख में अब कुछ कमी। चेहरे अब पहले जैसे लटके नहीं हैं।]

कलमधारी : *(ढोल नगाड़े की बढ़ी हुई धुन पर बारी-बारी से)*
राजा बड़े अनूठे थे / बाकी तो सब झूठे थे
सदा अपना ही रहा विचार / हित जनता का सिर्फ़ प्रचार
कुशल मन्त्री कठपुतले थे / राजयन्त्र में उपले थे
प्रजातन्त्र बहाना था / तानाशाही थी मनमाना था
साठ बरस आँखों में धूल / जनता रही उसी में झूल
विरोधियों की चली नहीं / दाल किसी की गली नहीं
साठ बरस बस यह भ्रम जाल / महाराज या महाकाल
बस एक तन्त्र बस एक मन्त्र / बस महाराज ही राज्य यन्त्र

[ठण्डी साँस भरकर]

कम से कम अब तो मानो / जो सत्य है वा पहिचानो कटु
है यह, तो फिर भी मानो/ इतिहास सत्य है सन्मानो
सच कहता हूँ!
राजा थे जादूगर भारी / और सभी थे भ्रष्टाचारी

दोनों : *(मिलकर)* उँह होगा!
(पर बात सत्य है यह मानो। महाराज अमर हैं यह जानो!)

[घोषणा की तरह इस बात को दुहराते रहते हैं। और तेज़ होती हुई ढोल नगाड़े की धुन पर पाँचों मन्त्री तोंद और छाती फुलाए हुए एक पंक्ति में रंगमंच पर आते हैं और दर्शकों की ओर पीठ कर खड़े रहते हैं।]

कलमधारी : *(बारी-बारी से)* भविष्य की ओर मुड़ना चाहिए।

[पाँचों मन्त्री वैसे ही पंक्तिबद्ध दर्शकों की ओर मुँह करके खड़े हो जाते हैं।]

भविष्य को ही देखना चाहिए
भविष्य को ही जानना चाहिए
महाराज गये पर द्वीप अमर है
नव निर्माण को अब कसी कमर है

दोनों : *(मिलकर)* किन्तु महाराज के बाद कौन?

[दोनों कलमधारी माथे पर हाथ रखकर बारी-बारी से, जैसे बहुत दूर देखते हुए]

महाराज के बाद कौन?

महाराज के बाद कौन?

बाद कौन? बाद कौन?

[अन्दर नेपथ्य में कोरस यही वाक्य बार-बार दुहराते रहते हैं। ढोल नगाड़े की धुन पूर्ववत् चल रही है। कलमधारी भाले जैसी कलमों को दूरबीन की तरह आँखों के आगे लगाकर जैसे कहीं बहुत दूर देखते हुए एक साथ]

महाराज के बाद कौन? बाद कौन? बाद कौन?

दोनों : *(बारी-बारी)* श्श्शा...श्श्श...

शनिवार रात इतिहास पलटेगा / पंच भाई का दरबार सजेगा
भविष्य तभी निर्धारित होगा / काल थमेगा द्वीप जगेगा
चार ज्येष्ठ पाँच श्रेष्ठ / चतुराई सब में यथेष्ठ
एक व्रात्य एक पिष्ट / चुनाव भारी होगा क्लिष्ट
इनका पलड़ा उनसे बढ़कर / उनका पासा इनसे चढ़कर
लगता है यह जोर करेगा / लेकिन वह भी धर पटकेगा
उसका घोड़ा आगे होगा / यह अड़ियल टट्टू अटकेगा
रंग आज तो उसका ही है / वह जो पीछे को बैठा है
दाँव इसी का ही लगता है / पेंच उसी का ही कटता है
यह उछलेगा, वह बिछलेगा / यह लपकेगा, वह फिसलेगा!
(चिन्तातुर होकर)
क्या होगा कुछ पता नहीं
कुछ पता नहीं कुछ पता नहीं
मंगलमय हो शनिवार रात
शनिवार रात
शनिवार रात!!

[दोनों अन्दर चले जाते हैं। ढोल नगाड़ा रुक जाता है।]

चौथा दृश्य

[पीछेवाला परदा उठता है। राजमहल का कक्ष। उपस्थित व्यक्तियों में कर्कशीर्ष, व्रात्यसोम, पिष्टकेशी तथा भगदन्त। पिष्टकेशी तथा भगदन्त से व्रात्यसोम धीरे-धीरे किसी गुप्त मन्त्रणा में तल्लीन। दोनों ही अतिशय गम्भीर। कर्कशीष के कान में उनकी बातचीत पड़ रही है मगर दर्शा ऐसा रहे हैं जैसे उन्हें कुछ पता नहीं। इसी समय प्रन्नारायण आता है। उसे दरवाज़े पर खड़ा देख कर्कशीर्ष तुरन्त उठकर पास जाते हैं।]

कर्कशीर्ष : क्या हुआ? मिला?

[प्रन्नारायण कर्कशीर्ष को धीरे से कुछ पकड़ा देता है। उसे जेब में डालकर कर्कशीर्ष फिर अपने मूल स्थान पर आकर बैठ जाते हैं। प्रन्नारायण वापस चला जाता है। वातावरण में अभी तक गहरा तनाव। एकाएक पिष्टकेशी, भगदन्त तथा व्रात्यसोम को मानो हँसी का दौरा पड़ता है। पिष्टकेशी हँसते-हँसते लोटपोट हो जाते हैं, व्रात्यसोम कुटिलता भरी हँसी हँसते हैं, भगदन्त अपनी मुद्रा में मुस्कराते हैं। कर्कशीर्ष अकारण अनमने हो उठे हैं।]

पिष्टकेशी : होते हैं कुछ ऐसे लोग।

कर्कशीर्ष : *(सन्देह से देखकर)* किसके लिए कहा?

व्रात्यसोम : कुछ नहीं इन्हें एक कहानी सुना रहा था। वही सियार वाली जो शेर के बाद खुद राजा बनने के सपने देखने लगा था।

कर्कशीर्ष : तो उसमें इतना हँसने की क्या बात थी?

व्रात्यसोम : मुझे क्या पता! यह तो पिष्टकेशी से पूछिए। आज की परिस्थिति में वह कहानी मुझे याद आ गयी सो सुना रहा था!

पिष्टकेशी : कहानी में खास बात क्या थी यह तो मैं नहीं जानता। हाँ, हँसी मुझे भी आ गयी इसलिए हँस पड़ा। मगर मज़ा

बहुत आया। व्रात्यसोम वह कहानी भी बड़ी मजेदार थी जो अभी इससे पहले आपने सुनाई थी। क्या नाम बताया था उस औरत का? कहाँ रहती है? नहीं, मैंने ऐसे ही पूछा। समाज में रहकर आदमी को ज़रा चौकन्ना रहना चाहिए सिर्फ़ इसलिए।

व्रात्यसोम : हाँ, ठीक कहा। वैसे मैं आपको उसके पास ले भी चल सकता हूँ। मेरी जान-पहचान है उससे!

कर्कशीर्ष : *(गम्भीर स्वर में)* आज द्वीप की इतनी गम्भीर परिस्थिति में आज के प्रसंग को हमें बड़ी गम्भीरता से लेना चाहिए।

व्रात्यसोम : आप तो सभी बातों को बड़ी गम्भीरता से लेते हैं कर्कशीर्ष। यही तो एक दोष है आप में। यह दोष न होता तो कल को राजगद्दी सँभालने के लिए आप ही काफ़ी थे। *(कुछ देर चुप रहकर)* सच न समझियेगा मैंने मज़ाक़ में कहा था।

कर्कशीर्ष : आप तो सभी कुछ मज़ाक़ में कहते हैं!

[बाहर जयघोष]

व्रात्यसोम : लगता है अरण्यकेतु आ रहे हैं। उन्हें भी यह अजीब झक है। वह सोचते हैं कि हज़ार पाँच सौ की भीड़ इकट्ठी करते ही राजनीति में उनका भाव बढ़ जाता है।

[अरण्यकेतु हड़बड़ाए से अन्दर आते हैं।]

अरण्यकेतु : माफ कीजिए। बात यह है कि बाहर इतनी भीड़ थी कि अन्दर घुस ही नहीं पाया। बड़ी मुश्किल से जब उन्हें यह समझा पाया कि आज की सभा में जो निर्णय लिया जायेगा उसमें दम्भद्वीप की भलाई का पूरा ख़याल रखा जायेगा, तब कहीं उन्होंने मुझे छोड़ा।

व्रात्यसोम : बाहर की भीड़ अगर आपकी इच्छा से इकट्ठी हुई है तब तो हम लोगों को झक मारकर आपको माफ करना ही पड़ेगा। क्योंकि इसके अलावा और इलाज भी क्या है! क्यों पिष्टकेशी?

पिष्टकेशी : *(व्रात्यसोम के हाथ पर ताली मार कर)* हाँ और क्या! हम बहुत करेंगे तो इन्हें सत्ता सौंप देंगे। *(कहकर खुद ही हँसते हँसते दुहरे हो जाते हैं)*

अरण्यकेतु : *(पिष्टकेशी की बात का मतलब ठीक से समझ न पाकर)* नहीं-नहीं। सत्ता लेने की इच्छा मुझे बिल्कुल नहीं है। मैं तो एक मामूली सेवक हूँ और सेवक रहना चाहता हूँ।

व्रात्यसोम : यानी कि यह सभा हम यहीं ख़त्म कर दें। क्यों भगदन्त?

अरण्यकेतु : *(जल्दी से)* नहीं-नहीं मेरे कहने का यह मतलब नहीं है।

पिष्टकेशी : ठीक है। ठीक है। हम पहले ही समझ गये थे। वह तो तय है। राजनीति में रहने वाला आदमी विनम्र हुआ कि समझ लीजिए कि उसे कोई न कोई महत्वाकांक्षा सता रही है। क्यों ठीक कह रहा हूँ न व्रात्यसोम?

व्रात्यसोम : मैं कभी विनम्र नहीं हुआ इसलिए मुझ पर आप यह आरोप नहीं लगा सकते। वैसे महत्वाकांक्षा मेरे मन में हमेशा रहती है। विनम्र होऊँ या नहीं। यह बात शायद आप लोग जानते ही होंगे।

कर्कशीर्ष : बहुत अच्छी तरह। और हम यह भी जानते हैं कि आपके मन में महत्वाकांक्षा नहीं बल्कि महत्वाकांक्षाएँ रहती हैं तरह-तरह की जैसे राजनीतिक, सामाजिक, लैंगिक...

व्रात्यसोम : हो सकती है। पर मुझे उसकी शर्म नहीं। मैं उसे छिपाने के लिए आदर्शवाद की कलई भी नहीं चढ़ाता फिरता। आप अपनी तरफ़ क्यों नहीं देखते? आप तो महत्वाकांक्षी नहीं हैं फिर भी बिना लैंगिक महत्वाकांक्षा के आपके चार बच्चे हुए कि नहीं? और बिना किसी राजनीतिक महत्वाकांक्षा के ज़रा देर पहले राज ज्योतिषी के यहाँ से बनवाकर मँगवाया हुआ ताबीज आपके जेब में अभी भी पड़ा है। उस ताबीज को इस राजनीतिक सभा में धारण कर बैठने के क्या मतलब हैं?

कर्कशीर्ष : यह सच नहीं है।

व्रात्यसोम : हः हः। अभी-अभी प्रतिहारी ने आपको कुछ लाकर दिया है। उसे कृपा करके आप हम सब को दिखायेंगे?

कर्कशीर्ष : वह आपका सिरदर्द दहीं है।

व्रात्यसोम : तो मेरी महत्वाकांक्षा आपका सिरदर्द कैसे है? वैसे मुझे कोई आपत्ति नहीं अगर उसको आप अपना सिरदर्द बनाना चाहें। मेरा तो सब खुला खेल है। राजनीति में

रहने वाले को शरम सब से पहले छोड़नी चाहिए। आपसे भी मैं यही बात हमेशा कहता हूँ कि राजनीतिज्ञ को हाथी की तरह होना चाहिए जिसके नंगेपन को दुनिया का कोई भी कपड़ा नहीं ढक सकता। जिसका अग्रभाग देखकर पीछे का कोई अन्दाज़ नहीं कर सकता। अगर कोई यह जानने का दावा करता है तो सरासर अपने आपको धोखा देता है। मगर यह बात गलत है कि जो छूट आप अपने लिए लेना चाहते हैं, दूसरों को वही देने में नाक-भौं सिकोड़ते हैं।

पिष्टकेशी : जाने दीजिए व्रात्यसोम। छोड़िए भी। अभी तो सभा शुरू भी नहीं हुई। अभी से झगड़ा क्यों? क्यों भगदन्त?

[भगदन्त जो बराबर आँखें बन्द किये बैठे हैं ज़रा सी आँख खोलते हैं, धीरे से मुस्कराते हैं और फिर आँखें बन्द कर लेते हैं।]

मैं सोचता हूँ कि सभा अब शुरू कर देनी चाहिए। अध्यक्षता कहिए मैं ही कर लूँ। आखिर कोई तो करेगा ही। मैं ही कर दूँगा। वैसे इस भ्रम में न रहिएगा कि मुझे सत्ता का कोई मोह है।

अरण्यकेतु : पिष्टकेशी महाराज, द्वीप के इस आपत्काल में भी इस तरह की निरर्थक बहस आप उठा रहे हैं? आपको द्वीप की कितनी चिन्ता है इस बात को तो आप ही समझ सकते हैं पर मैं आप लोगों का यह तमाशा देखकर बहुत हैरान हूँ।

कर्कशीर्ष : बिल्कुल ठीक कहा। और मज़ा यह कि इनकी हर बात के समर्थन में ताली पीटने को इनकी जनता बाहर खड़ी ही होगी, है न? छिः, किराये के टट्टू! इस तरह के दिखावे से मुझे एकदम नफरत है।

अरण्यकेतु : पिष्टकेशी! कर्कशीर्ष ने मुझ पर यह एकदम झूठा आरोप लगाया है। मैं यह सब पसन्द नहीं करता। मैं इस अपमान के निषेध में सभा त्याग करता हूँ। मगर यह जान लीजिए कि दम्भद्वीप की जनता कभी भी इस बात को बर्दाश्त नहीं करेगी *(बाहर जाने लगते हैं। सब लोग*

उनकी तरफ़ देख रहे हैं। वह दरवाज़े से बाहर जाने से पहले एक क्षण रुक कर) दो मिनट में वापस आऊँगा! *(चले जाते हैं)*

व्रात्यसोम : नयी जनता इकट्ठी करने गये होंगे महाशय। हुंः, सभा-त्याग भी दो मिनट के बाद लौट आने के आश्वासन के साथ!

पिष्टकेशी : मैं सोचता हूँ कि अरण्यकेतु के आने तक हम लोग एक मिनट का मौन रखने का काम पूरा कर लें।

भगदन्त : *(बैठे ही बैठे)* अपना तो एक मिनट मैंने बहुत पहले ही पूरा कर लिया।

व्रात्यसोम : *(भगदन्त से)* मेरा एक मिनट भी आप ही पूरा कर लें भगदन्त। क्योंकि राज्य के तमाम झंझटों में एक मिनट क्या एक क्षण भी चुप रह पाना मेरे लिए सम्भव नहीं।

कर्कशीर्ष : दिवंगत आत्मा की शान्ति के लिए मैं अपने हिस्से का एक मिनट मौन अब रखने जा रहा हूँ *(मौन हो जाते हैं)*

पिष्टकेशी : *(खड़े होकर)* मेरा एक मिनट हो चुका है। *(बैठ जाते हैं।)*

[अरण्यकेतु आते हैं।]

व्रात्यसोम : आइए अरण्यकेतु! *(बाकी लोगों की तरफ़ आँख मारकर)* सत्ता किसके हाथों में सौंपी जाये इसका निर्णय अभी-अभी हो गया।

अरण्यकेतु : *(हक्के-बक्के से होकर)* क्या? निर्णय हो गया?

व्रात्यसोम : कोई बात नहीं। आपका सभा-त्याग तो आनन्द से सम्पन्न हो गया?

अरण्यकेतु : मगर ऐसी स्थिति थी तो मैं सभा-त्याग बाद में भी कर सकता था। पिष्टकेशी! यह निर्णय लेकर आप लोगों ने नियम और सभ्यता दोनों की अवहेलना की है। दम्भद्वीप की जनता इसका जवाब तलब किये बिना न छोड़ेगी।

[खिड़की की तरफ़ बढ़ते हैं]

पिष्टकेशी : अरण्यकेतु! आप बेमतलब जनता बेचारी को कष्ट न दें। व्रात्यसोम ने यों ही आपसे मज़ाक़ किया था। हाँ,

इस बीच हम लोगों ने आपके लिए एक मिनट का मौन रखा। मतलब कि आपकी तरफ़ से दिवंगत आत्मा की शान्ति के लिए एक मिनट का मौन रखा ताकि उतनी देर में आपका सभा-त्याग का कार्यक्रम ठीक से निबट जाये।

[अब अरण्यकेतु निश्चिन्त होकर बैठ जाते हैं]

सभा अब आरम्भ होने जा रही है। 'महाराज के बाद कौन?' यह समस्या अपने आप में बड़े महत्त्व की है। इसके अतिरिक्त दम्भद्वीप के हित की...

व्रात्यसोम : अपने हित की भी...

पिष्टकेशी : वही तो। हम लोग आज जो निर्णय लेने जा रहे हैं भविष्य की दृष्टि से वह बड़े महत्त्व का है। द्वीप पर दूरगामी प्रभाव छोड़ने वाला है। बल्कि यह कहूँ कि इस निर्णय पर सारे संसार की आँखें टिकी हुई हैं तो अतिशयोक्ति न होगी। क्योंकि अन्तर्राष्ट्रीय सत्ता की होड़ में दम्भद्वीप अब सभी राष्ट्रों की नज़र में बहुत महत्त्वपूर्ण हो गया है। अचानक सब की समझ में अब आने लगा है कि दम्भद्वीप सम्भावित सैनिक अड्डे बनाने के लिए बहुत उपयुक्त राष्ट्र है।

कर्कशीर्ष : और कुछ बड़े राष्ट्रों की भी इच्छा है कि सत्ता आपके ही हाथ में जाये। वहाँ के अख़बार पढ़ता रहता हूँ, पिष्टकेशी।

पिष्टकेशी : बेकार की बातें इस समय न उठाइये, कर्कशीर्ष।

अरण्यकेतु : मगर मैं कहता हूँ कि यह बेकार की बात कैसे हुई? यही तो आज की मूल समस्या है, क्यों भगदन्त?

कर्कशीर्ष : कमाल है भाई। मेरी तो यही समझ में नहीं आ रहा है कि इस समय जबकि देश पर इतना संकट आया हुआ है भगदन्त को नींद कैसे आ रही है? आखिर देश का भविष्य तय हो रहा है!

व्रात्यसोम : वह शायद सत्ता का सपना देखने लगे हैं।

[प्रन्नारायण आता है। धीरे से ताली बजाकर सबका ध्यान आकर्षित करता है।]

पिष्टकेशी : क्या बात है सेवक?

प्रन्नारायण : क्षमा करें। अचानक एक विशेष समाचार के आ जाने से मुझे सभा में बाधा डालनी पड़ी। दम्भद्वीप के उत्तर-पूर्व तथा ईशान दिशा में फ़ौज की कदम्ब टुकड़ी ने भयंकर विद्रोह कर दिया है। सभी सैनिक अड्डों पर उन्होंने कब्ज़ा कर लिया है। पचास आदमी मारे गये हैं और एक सौ तेईस जख़्मी हुए हैं।

कर्कशीर्ष : भयंकर। तुरन्त विद्रोहियों को गोली से उड़ा दीजिए।

व्रात्यसोम : ठहरिए कर्कशीर्ष। अभी सत्ताधीश आप नहीं हुए हैं। *(प्रन्नारायण से)* उनकी माँगें क्या हैं?

प्रन्नारायण : उनकी माँगें स्पष्ट रूप से खरीते में पता नहीं चलतीं मगर राज्य के सभी मन्त्रियों के ख़िलाफ़ उनकी क्रोध भरी घोषणाओं से द्वीप की गली-गली गूँज रही है। अब कुछ भी छिपा ढका नहीं रह गया। यह इस खरीते से आप अन्दाज़ कर सकते हैं।

व्रात्यसोम : अच्छा? कौन हैं ये मन्त्रीजन?

[सब एक दूसरे को सशंकित नज़र से देखते हैं]

प्रन्नारायण : *(खरीते में देखकर)* नाम...

कर्कशीर्ष : *(व्रात्यसोम की तरफ़ आग्नेयदृष्टि से देखकर)* प्रतिहारी जल्दी बोलो!

व्रात्यसोम : *(विपरीत दिशा में देखते हुए)* प्रतिहारी! बोलो, बोलो!

प्रन्नारायण : हाँ, महाराज। *(खरीते में देखकर)* पूर्व की तरफ़ से विद्रोहियों का रुख व्रात्यसोम की तरफ़ है।

व्रात्यसोम : *(कर्कशीर्ष से)* चलिए। हो गयी न तसल्ली? अब बिना मतलब सन्देह की नज़र से मुझे न देखिए। खूब अच्छी तरह से जानता हूँ कि यह सब आपका ही किया धरा है।

कर्कशीर्ष : *(प्रन्नारायण से)* मैं इस तरह के तीन-पाँच में नहीं पड़ता। प्रतिहारी! आगे...पश्चिम का रुख किस तरफ़ है?

प्रन्नारायण : *(ज़रा रुककर)*...पिष्टकेशी...

पिष्टकेशी : *(पहले अचकचा जाते हैं फिर विजेता भाव से)* मैं तो जानता ही था। *(अरण्यकेतु की तरफ़ देखते हैं)* प्रतिहारी!

उत्तर दिशा की ख़बर दो! वहाँ की जनता क्या कहती है?

अरण्यकेतु : मेरी तरफ़ शक की निगाहों से देखने की ज़रूरत नहीं है पिष्टकेशी! मुझसे क्या मतलब?

प्रन्नारायण : उत्तर की जनता के विद्रोह का सारा केन्द्र कर्कशीर्ष ही हैं।

कर्कशीर्ष : *(व्रात्यसोम से)* देख लिया? हो गया न विश्वास? मैं चूँकि सिद्धान्तवादी हूँ इसलिए जनता के बीच हमेशा अप्रिय रहा हूँ।

प्रन्नारायण : पूर्व-दक्षिण दिशा के विद्रोही सैनिक चिल्ला-चिल्लाकर अरण्यकेतु को धिक्कार रहे हैं।

अरण्यकेतु : ठीक ही तो है। जनता के बीच से आया हुआ व्यक्ति सैनिकों के बीच कभी प्रिय नहीं हो सकता।

व्रात्यसोम : आगे बोलो प्रतिहारी, आगे!

प्रन्नारायण : नाम समाप्त हुए महाराज। गोलाबारी और मार-काट चल रही है। मेरे लिए क्या आज्ञा है?

[सब सिर खुजलाते हैं।]

पिष्टकेशी : प्रतिहारी! इन घटनाओं पर हम विचार करेंगे। फिर आज्ञा जारी करेंगे। अभी तुम जा सकते हो।

[प्रन्नारायण अदब से झुककर चला जाता है। सब गुमसुम बैठे रहते हैं। फिर भगदन्त पर सब की निगाह ठहर जाती है। वह अभी भी आँख बन्द किये हुए बैठे हैं।]

व्रात्यसोम : सारे खरीते में एक नाम कहीं नहीं आया। क्यों?

कर्कशीर्ष : और सब तरफ़ विद्रोह भी एक साथ ही उठा है।

पिष्टकेशी : फ़ौज भी सब तरफ़ कदम्ब जमात की है।

अरण्यकेतु : सभा में तो ध्यान लगा के बैठे हैं और बाहर के करम ये! बगुला भगत!

व्रात्यसोम : वाह गुरु, वाह! मान गये।

[भगदन्त ज़रा-सी आँख खोलकर सब की तरफ़ देखते हैं। धीमे से मुस्कराते हैं। व्रात्यसोम के नमस्कार के जवाब में नमस्कार करते हैं।]

व्रात्यसोम : आप तो हमसे भी चार हाथ आगे हैं गुरुदेव। भीतर कुछ बाहर कुछ...

[भगदन्त विनयशीलता दर्शाते हैं]

सत्ता की इस दौड़ में अगर मैं न होता तो निश्चित रूप से यह सत्ता भगदन्त को सौंपने के लिए आग्रह करता। सत्ताधीश ऐसा ही होना चाहिए। जैसे महाराज भगदन्त। कम बोलने वाला और धूर्त। मेरे हाथ में जो सत्ता आ जाती तो यह सारा विद्रोह आधे घण्टे में रफा-दफा कर देता। है ही क्या इसमें!

[भगदन्त की तरफ़ मुस्कराकर देखते हैं। भगदन्त भी जवाब में मुस्कराकर देखते हैं]

अरण्यकेतु : इस तरह के विद्रोह को दबाने के लिए अपने साथ जनशक्ति चाहिए।

कर्कशीर्ष : हुंः। राह चलते छिछोरों की जन शक्ति? बकवास! इसके लिए सैद्धान्तिक निष्ठा होनी चाहिए निष्ठा। आत्मबल! अगर मैं कहीं सत्ताधीश हुआ तो गिन-गिनकर एक-एक विद्रोही को गोली से उड़वा दूँगा। साथ सारे नेताओं को भी। सत्ता के विरुद्ध किया जाने वाला विद्रोह साफ देशद्रोह है देशद्रोह।

[आवेश में उबलते कर्कशीर्ष की तरफ़ भगदन्त अपनी सधी हुई मुस्कुराहट डालते हैं]

पिष्टकेशी : मुझे लगता है कि सभा का रुख गलत दिशा में मुड़ रहा है। मेरा तो विचार है कि सत्ता पर आने वाले व्यक्ति को द्वीप के दूरगामी कल्याण पर ही ध्यान केन्द्रित करना चाहिए। और विचार-विमर्श भी उसी पर करना चाहिए। यह विद्रोह तो नैमित्तिक है। मैंने तो द्वीप की बात को ही ध्यान में रखते हुए *(ताली बजाकर प्रन्नारायण को बुलाते हैं। प्रन्नारायण आता है। वह उसके थैले में से एक पुलिन्दा निकालकर)* द्वीप के विकास के लिए यह एक सौ अड़सठ सूत्री एक सर्वांगीण योजना तैयार की है। उसकी प्रतियाँ खास तौर से आप लोगों को देने के लिए मैं ले आया हूँ। लीजिए व्रात्यसोम। लीजिए

कर्कशीर्ष। भगदन्त। विद्रोह की समस्या बाद में हम लोग देखते रहेंगे। फिलहाल आप लोग इस योजना को देखिए अरण्यकेतु! *(प्रति उन्हें भी देते हुए)* मेरी इस योजना की खासियत यह है कि सिर्फ़ दूसरों के कर्ज़ और मदद के सहारे इसे बड़ी आसानी से फिर से खड़ा किया जा सकता है। पिछले सैंतीस बरसों में जो कुछ विचार मेरे मन में उठते रहे हैं उन सबका निचोड़ है यह। इसलिए इस समय अपनी विनयशीलता को छोड़कर मैं सिर्फ़ यह कहना चाहूँगा कि द्वीप के इतिहास में यह योजना एक अभूतपूर्व घटना है।

[व्रात्यसोम चश्मा चढ़ाकर अपनी प्रति सरसरी पढ़ते हैं। कर्कशीर्ष और अरण्यकेतु भी यही करते हैं। भगदन्त उसे देखते ही रहते हैं]

भगदन्त : *(उठकर पिष्टकेशी को प्रति वापस करते हुए)* छपाई-सफाई अच्छी है। *(कन्धे उचकाकर)* और तो कुछ पता नहीं। पढ़ना नहीं आता। ऽ

व्रात्यसोम : योजना में लिखे पचास या पाँच सौ सूत्री कार्यक्रम राष्ट्र की उन्नति नहीं कर सकते। उसके लिए खून पसीना एक कर देना होता है...और फिर जनता का सहयोग...

कर्कशीर्ष : चलिए, रात बहुत हो गयी।

[एक क्षण सन्नाटा]

पिष्टकेशी : *(हुकुम के इक्के जैसी अपनी चाल विफल होते देख असहाय होकर)* अब आज की सभा में तो मुझे कुछ तय होता लगता नहीं। कोई फ़ैसला होना बड़ा मुश्किल है। आज एक गम्भीर समस्या आकर खड़ी हो गयी है।

[सब एकदम चुप। वहाँ से प्रकाश हटता है।]

पाँचवाँ दृश्य

[मंच के अग्रिम भाग में प्रकाश। दोनों कलमधारी उस प्रकाश वलय में आकर खड़े होते हैं। इस समय इनकी पोशाकें भिन्न रंगों की हैं।]

कलमधारी : *(साथ-साथ) समस्या भारी / समस्या भारी*
बहस हज़ारी / विचार जारी

दोनों : *(बारी-बारी से) सभी एक से / समान शक्ति के*
सत्ता किसको? / यही पेंच है
सभा दुबारा / सभा दुबारा
सोमवार को / सोमवार को
सोमवार को होगा क्या? / मात कोई खायेगा क्या?
जीत कोई पायेगा क्या? / उठा पटक में कौन चढ़ेगा
कौन उठेगा कौन गिरेगा / किसका चढ़ा सितारा होगा
भकुआ कौन बेचारा होगा?

दोनों : *(साथ-साथ)* समस्या भारी / समस्या भारी

[प्रकाश फिर सभा कक्ष में। सभा अभी पूर्ववत् चल रही है। मगर निःशब्द। कुछ क्षण के बाद प्रकाश वहाँ से हटकर फिर कलमधारियों पर आकर ठहर जाता है]

कलमधारी : *(एक साथ) सभा विसर्जित / सभा विसर्जित*
(बारी-बारी से) पीछे कोई हटता नहीं। आगे कोई बढ़ता नहीं
जैसे थे / ये या वे
इधर-उधर / कौन किधर
पता किसी का चलता नहीं / नया नेता चुनता नहीं
चक्कर भारी / पेंच हज़ारी
नया नेता होगा कौन? / होगा कौन?
व्रात्यसोम होशियार बड़े / कर्कशीर्ष तैयार खड़े
पिष्टकेशी में नहीं कमी / भगदन्त भी बड़े गुनी
अरण्यकेतु आसामी हैं ही / बड़े गिरामी नामी हैं ही
कौन चढ़ेगा / कौन पड़ेगा

कौन जाएगा / कौन पिटेगा
किस किस का / गठबन्धन होगा
समझौता / गुटबाज़ी
यह सीधा / यह पाजी
यह मूल्य / वह तथ्य
यह द्वेष / वह त्वेष
यह जोड़ / वह तोड़
यह नीला / वह पीला
यह सुप्त / वह गुप्त
लिखते हाथ थकता नहीं / निर्णय कुछ भी लगता नहीं।

दोनों : *(साथ-साथ) किये धरे कुछ बनता नहीं / नया नेता*
चुनता नहीं! हटे कौन पीछे / हो कौन सत्ताधारी
हुआ दम्भद्वीप में / उपद्रव बड़ा भारी
है नये सिरे से खोजना / फिर किरन एक आस की
फिर बने नयी कुछ योजना / नये मालिक की तलाश की
वः वा / अपनी ही पीठ पर
थपकियाँ शाबाश की!

छठा दृश्य

[कलमधारी अन्दर चले जाते हैं। सभा भवन में प्रकाश। भगदन्त काग़ज़ की रंग-बिरंगी चरखियाँ नचा रहे हैं। व्रात्यसोम रमी का दाँव बिछाये बैठे हैं। पिष्टकेशी अख़बार पढ़ रहे हैं। अरण्यकेतु बहुत गम्भीर मुद्रा में बैठे हैं। आपस में कोई बातचीत नहीं हो रही है। सभी हताश और ऊबे हुए से। इसी समय एकाएक विजया हड़बड़ाई-सी सभा भवन में घुस आती है। आने के साथ ही उसे अपनी गलती का अहसास होता है। वह बहुत सकुचा जाती है

और सिमट कर एक कोने में खड़ी हो जाती है। सब की नज़र विजया पर केन्द्रित।]

विजया : नहीं। मैं भूल से यहाँ आ गयी...माफ़ कीजिए मुझे...

व्रात्यसोम : पिष्टकेशी! मिल गयी।

विजया : *(और भी घबराकर)* कौन?

व्रात्यसोम : जिसकी तलाश थी।

विजया : *(बहुत ही ज़्यादा घबराकर)* क्या?

व्रात्यसोम : पिष्टकेशी! समस्या का हल निकल आया। यह रही हमारी नयी सत्ताधारी। यह हमारी नेता, हम इसके अनुचारी! यह रही सत्ता हम सब इसके धारी! यह रही पक्की योजना! अब और कोई निर्णय होने तक हमारी विजयाराजे दम्भद्वीप की सत्ताधीश होंगी।

[सब चारों ओर से आगे बढ़ते हुए विजया को घेरे के बीच कर लेते हैं। वह बहुत ज़्यादा सहमी और घबराई हुई है। सब उसकी तरफ़ एकटक देख रहे हैं। वह असहाय खरगोश की तरह काँपती हुई खड़ी है।]

(परदा गिरता है।)

दूसरा अंक

पहला दृश्य

[विजयाराजे का कक्ष। प्रन्नारायण वहाँ खड़ा-खड़ा दासी को कुछ निर्देश दे रहा है। फिर आगे बढ़कर दर्शकों के सामने आता है।]

प्रन्नारायण : शायद मुझे अलग से अपना परिचय देने की ज़रूरत नहीं है। मैं प्रन्नारायण हूँ। मैंने अभी तक इस नाटक में निवेदक से लेकर अनेक तरह की भूमिकाएँ की हैं। सिर्फ़ इसलिए कि नाटक की उन भूमिकाओं में मेरी ज़रूरत थी। मगर मेरी मुख्य भूमिका तो अब आरम्भ होती है।

[संकेत से दासी को दोबारा एक निर्देश देकर पुनः दर्शकों के सामने आता है।]

मन्त्रिमण्डल ने विजयाराजे को फिलहाल मेरे सुपुर्द कर दिया है। आज उनका राज्यारोहण समारोह है। यह समारोह इस समय राजमहल के सभा भवन में सम्पन्न हो रहा होगा। उसके ख़त्म होते ही विजयाराजे यहाँ पधारेंगी। वह अब इस द्वीप की महारानी हैं, मगर यथार्थ यह है कि उन्हें सौंपा गया यह रानीपद सिर्फ़ एक आपैचारिकता है। आप इसे एक राजनीतिक दाँव-पेंच समझिए। सही बात तो यह है कि मन्त्रिमण्डल के सभासद अपने इस आपसी झगड़े की सत्ता किसके हाथ में सौंपी जाये, के हल के लिए कुछ मोहलत और वक़्त चाहते थे। और बीच की इस अवधि में एक सुविधा के रूप में उन्होंने

विजयाराजे को सत्ता सौंप दी है। मगर मेरे जैसे एक मामूली सेवक को इन बातों पर माथापच्ची नहीं करनी चाहिए। सत्ताधीश कोई भी हो, है तो सत्ताधीश ही। चाहे वह मिट्टी का पुतला ही क्यों न हो। मुझे तो उसका हुक्म बजाना ही है। राज्यारोहण समारोह में आज जो भाषण विजयाराजे देने वाली हैं उसे बड़ी मेहनत से मैंने उन्हें रटाया है। मगर फिर भी वह लड़की भाषण देते समय कुछ न कुछ गड़बड़ ज़रूर ही करेगी। *(जीभ काटकर)* गलती हुई। क्षमा करें। वह अब लड़की नहीं है, इस बात को अब मुझे भूल जाना चाहिए। वह अब हर हाइनेस विजयाराजे साहबा हैं। पिछले कुछ दिनों से वह राज्याधिकार प्राप्त होने की खुशी में खाना-पीना-सोना सब भूल गयी हैं। आधी-आधी रात को उठकर वह अपना भाषण रटती रही हैं। और टहलती रही हैं।

[विजयाराजे का आगमन। इस समय वह राज्याभिषेक की पूरी साज-सज्जा के साथ है। समारोह से होकर आने के कारण कुछ थकी हुई-सी है। फिर भी सुन्दर लग रही है। प्रन्नारायण मुग्ध भाव से उसे देखता जा रहा है।]

विजया : प्रन्नारायण! कैसी लग रही हूँ मैं?

प्रन्नारायण : *(घबराकर अभिवादन करता हुआ)* आज बहुत सुन्दर लग रही हैं रानी साहबा। चतुर्थी का चन्द्र जैसे एकाएक पूर्णचन्द्र हो गया है।

विजया : *(शीशे के सामने जाकर स्वयं को निहारती हुई)* सचमुच मैं आज सुन्दर लग रही हूँ। मगर थक गयी हूँ। प्रन्नारायण! तूने चलते समय कंचुकी के बन्द कितने कस दिये थे! आखिर जब मैं पापू की प्रतिमा को प्रणाम करने झुकी, तब कहीं अपने आप बन्द ज़रा ढीले हुए और जान में जान आयी।

प्रन्नारायण : दोबारा ऐसी गलती नहीं होगी रानी सरकार!

विजया : मैं तुझ पर आज नाराज़ हूँ। तू उत्सव में क्यों नहीं आया? मैंने कितना सुन्दर पढ़ा था भाषण। तूने जैसा

सिखाया था ठीक वैसा ही। एक बार भी गलती नहीं की। अटकी भी नहीं। मगर पढ़ते समय जानता है, सब तरफ़ मैं तुझे ढूँढ़ रही थी।

प्रन्नारायण : यहाँ के काम रह गये थे रानी सरकार।

विजया : इस तरह हर बार रानी सरकार कहना क्या ज़रूरी है?

प्रन्नारायण : जिसमें आन्नद मिले उस बात का उच्चारण हज़ार बार किया तो भी कम लगता है।

विजया : तो तू एक आध बार बस बीच-बीच में कह दिया कर।

प्रन्नारायण : हाँ विजयाराजे!

विजया : थक गयी हूँ। ओफ! कितनी देर-देर तक का एक-एक कार्यक्रम। एक बार जो शुरू हुआ तो बस लगता है कि अब यह ख़त्म ही नहीं होगा। तुझे तो यह डर लगने लगा था कि शपथ-ग्रहण तक यह कार्यक्रम पहुँचेगा ही नहीं। पहले स्वागत भाषण, फिर ब्राह्मणों का वेदमन्त्र पाठ, फिर मन्त्रिमण्डल के सारे लोगों के भाषण, तब कहीं जाकर सत्ता ग्रहण की या न जाने किस बात की शपथ। वह कितनी लम्बी थी, पता है? बाप रे! बेचारे न्यायरत्न महाराज तो पढ़ते-पढ़ते हाँफने लगे। मैंने तो कहा, छोड़िए न्याय रत्न जी! बाकी बचा हुआ कल पढ़ लीजिएगा। तो आगे बैठे बड़े-बूढ़े लोग हँसने लगे। यह दरबार की शपथ इतनी लम्बी क्यों होती है प्रन्नारायण?

प्रन्नारायण : शायद इसलिए कि वह जितनी देर तक पढ़ी जाये कम से कम लोग उतनी देर तो उसका पालन करें।

विजया : तो क्या बाद में लोग इस शपथ का पालन नहीं करते?

प्रन्नारायण : राजदरबार की ओर प्रेम की शपथ एक जैसी होकर भी बिल्कुल अलग होती है रानी सरकार! प्रेम की शपथ असंयम से ली जाती है और संयम के साथ उसका पालन होता है। मगर राजदरबार की शपथ बड़े संयम से लेने के बाद उतने ही असंयम से तोड़ दी जाती है। पहली वाली शपथ चुपचाप ली जाती है मगर खुले आम पालनी होती है। मगर दूसरी तरह की शपथ सार्वजनिक रूप से खुले आम लेनी पड़ती है मगर उसे तोड़ने वाले

का साक्षी इतिहासकार के अलावा और कोई नहीं होता, और कभी-कभी दबाव पड़ा तो बेचारा इतिहासकार भी उसका साक्षी नहीं रहता।

विजया : प्रन्नारायण, यह सब तो बड़ा कठिन है। शपथ भी बहुत कठिन थी। मुझे तो कुछ समझ में भी नहीं आयी।

प्रन्नारायण : अगर उसका पालन किया जाये तो आगे चलकर थोड़ी-थोड़ी अपने आप ही समझ में आने लगती है। और पालन नहीं करना है तो उसे न समझना ही अच्छा है रानी सरकार।

विजया : उंह। छोड़ो। मैं कपड़े बदलने जा रही हूँ। *(जाती है)*

प्रन्नारायण : *(प्रेक्षकों से)* माँ की मृत्यु बचपन में हो गयी। पिता सम्पूर्ण दम्भद्वीप के थे। बेटी के हिस्से कहाँ कुछ आता! उसने पाया सिर्फ़ राजमहल का सुख-विलास और दुलार-प्यार। इस दुलार-प्यार ने उसे दिया ज़िद्दी स्वभाव। कल ही की बात सुनिए। बेटी इस बात पर मचली हुई थी कि राज्यारोहण के उत्सव का पूर्वाभ्यास होगा। हारकर मन्त्रिमण्डल को अनुमति देनी ही पड़ी। और जब बेटी विजयाराजे सिंहासन पर बैठी तो बोली यह सिंहासन मेरे लिए ऊँचा है इसके पाये काटे जायें। मन्त्रिमण्डल ने समझाया कि द्वीप में ऐसी कोई परम्परा नहीं है। मगर समझता कौन? एक ही ज़िद पर अड़ी रही कि सिंहासन के पाये काटे बिना वह सिंहासन पर हरगिज़ नहीं बैठेगी और न सत्ता स्वीकार करेगी। अजब समस्या आ गयी थी। प्रथमः ग्रासे मक्षिका पातः वाली स्थिति मन्त्रिमण्डल के सामने थी। मैंने फिर समझाया, 'विजयाराजे! सिंहासन के पाये काटे नहीं जा सकते।' वह बोली, 'क्यों मगर?' मैंने बताया कि 'इसलिए क्योंकि सिंहासन पवित्र होता है' तो वह बोली कि 'फिर इस पर बैठा क्यों जाता है?' मैंने कहा, 'सिर्फ़ राजा ही इस पर बैठ सकता है। इसलिए कि राजा पवित्र होता है।' वह बोली, 'तो मैं भी तो पवित्र राजा होने जा रही हूँ और मैं पवित्र राजा के नाते यह हुक्म दे रही हूँ कि पवित्र सिंहासन के

पवित्र पाये काटने ही होंगे। पाये काटने से सिंहासन की पवित्रता थोड़े ही कट जायेगी। इस सिंहासन पर बैठने से मेरे पैर ज़मीन तक नहीं पहुँचते। इस तरह बैठना कितना गन्दा लगता है। सारे लोग क्या सोचेंगे। कहेंगे इस सिंहासन पर बैठने के लिए मैं अयोग्य हूँ। इसलिए पाये तो काटने ही पड़ेंगे।' आखिर रातों-रात सिंहासन के पाये काटे गये और तब विजयाराजे उस पर बैठने को राजी हुई। अब यह दूसरी बात है कि समारोह के समय यह बात किसी के ध्यान में नहीं आयी। सिंहासन के नीचे की ओर कहाँ किसी की नज़र जाती है। मगर विजयाराजे की यह ज़िद मन्त्रिमण्डल के गले नहीं उतर सकी।

[विजया आती है। पोशाक बदली हुई]

विजया : अब कितना हल्का लग रहा है। प्रन्नारायण! चलो बाग में हम लोग लुका-छिपी खेलें।

प्रन्नारायण : *(संकोच से)* रानी सरकार, यह सब खेल खेलना अब आपके लिए उचित नहीं लगता।

विजया : क्यों?

प्रन्नारायण : सत्ता के खेल अलग होते हैं विजयाराजे! दम्भद्वीप की रानी लुका-छिपी कैसे खेल सकती है और एक साधारण प्रतिहारी के साथ? बिल्कुल ही सम्भव नहीं है।

विजया : क्या होगा अगर खेलें तो?

प्रन्नारायण : राजपद की परम्पराओं का अपमान होगा।

विजया : यह परम्परा बनाने वाले कौन हैं?

प्रन्नारायण : आपके ही पूर्वज, महान पराक्रमी, समर्थ और सुयोग्य, इस द्वीप के सत्ताधीश।

विजया : उन्होंने कभी लुका-छिपी खेली थी?

प्रन्नारायण : शायद नहीं।

विजया : तो फिर लुका-छिपी के खेल की परम्परा बन्द करने का नियम उन्होंने कैसे बनाया?

प्रन्नारायण : विजयाराजे, दरबार की परम्परा में लुका-छिपी खेलने की मनाही नहीं है। मगर राजपद पर रहने वाले व्यक्ति

को अपने पद की गरिमा के अनुरूप आचरण करने की परम्परा और नियम का पालन करना ज़रूर आवश्यक है।

विजया : कहाँ लिखी है यह परम्परा? तू मुझे दिखा तो कम से कम। मैं एक बार खुद पढ़कर देखूँगी।

प्रन्नारायण : वह लिखी नहीं होती रानी सराकर।

विजया : तो फिर मैं उस पर विश्वास क्यों करूँ?

प्रन्नारायण : आपके वंश की तीन पीढ़ी से उसका पालन होता आ रहा है।

विजया : इस बात पर भी आखिर किस आधार पर विश्वास किया जाये?

प्रन्नारायण : यह इतिहास है।

विजया : यह इतिहास बनाने वाले कौन हैं?

प्रन्नारायण : वही आपके पूर्वज रानी सरकार! जिन्होंने परम्पराएँ बनायी हैं और उनका पालन किया है।

विजया : प्रन्नारायण! वह पूर्वज पुरुष थे और उम्र में बड़े थे। वह लुका-छिपी खेल ही नहीं सकते होंगे। तभी उन्होंने अपनी परम्परा में इसे नहीं रखा। क्यों, ठीक कह रही हूँ कि नहीं?

प्रन्नारायण : हो सकता है रानी सरकार। सत्ता में कबड्डी और छुआ-छुऔवल के खेल बहुत खेले जाते हैं। आप अब इस द्वीप की सत्ताधीश हैं। पुण्यशीला महारानी हैं।

विजया : तो इससे क्या? इससे क्या लुका-छिपी खेलने का मेरा अधिकार छिन जायेगा? मुझे यह बात पता नहीं थी। रानी बनाते समय किसी ने मुझे यह बात बतायी नहीं। नहीं तो मैं रानी बनती ही नहीं। मैं तो सोचती थी कि रानी बन जाने पर मुझे और ज़्यादा अधिकार मिल जायेंगे।

प्रन्नारायण : आपको गम्भीरतापूर्वक व्यवहार करना चाहिए।

विजया : मुझे नहीं लगता कि मुझसे यह सब चल पायेगा। मेरा तो खेलने का और भागने-दौड़ने का बहुत मन करता है। कभी-कभी तो जोर से शोर करने को भी मन करता है।

प्रन्नारायण : यह सर्व साधारण मानव स्वभाव है। और आपका इस तरह सोचना स्वाभाविक है। मगर द्वीप की रानी इस तरह साधारण मानव की तरह व्यवहार और आचरण करने लगे तो कैसे होगा रानी सरकार? उसे तो अतिमानव या अमानुष बनकर रहना होता है।

विजया : मतलब पापू की तरह? मगर उन लोगों ने मुझे पहले तो यह सब नहीं बताया था?

प्रन्नारायण : अब यह आप सब बातें समझ लेंगी तो दोनों पक्षों के लिए सुविधाजनक होगा।

विजया : अब तो देर हो गयी। नहीं तो मैं रानी-वानी पद लेती ही नहीं। प्रन्नारायण! मैं लुका-छिपी न सही पर गुट्टी तो ज़रूर ही खेलूँगी और तुझे मेरा साथ देना होगा।

प्रन्नारायण : यह उचित नहीं होगा विजयाराजे!

विजया : प्रन्नारायण! दम्भद्वीप की रानी के अधिकार से मैं यह आज्ञा देती हूँ।

प्रन्नारायण : *(यह सुनते ही अदब से अभिवादन कर)* रानी सरकार की आज्ञा सिर आँखों पर। *(विजया बैठती है। गुट्टी का खेल शुरू होता है। दासी आती है।)*

दासी : *(यह देख इशारा करके घबराई हुई)* प्रतिहारी! मन्त्रिमण्डल यहीं आ रहा है। *(प्रन्नारायण खेल छोड़कर उठने के उपक्रम में)*

विजया : उठ क्यों रहा है प्रन्नारायण? दाँव तो अधूरा ही है।

प्रन्नारायण : रानी साहबा! मन्त्रिमण्डल आपसे भेंट करने आ रहा है।

विजया : *(दासी से)* उन्हें बाहर रुकने के लिए बोल। *(खेलती रहती है)*

दासी : *(घबराकर)* मगर रानी सरकार...

प्रन्नारायण : *(स्थिति की गम्भीरता की कल्पना करके)* विजयाराजे! मन्त्रिमण्डल ने अगर इसे अपना अपमान समझा तो?...

विजया : उहँ। पापू के समय उनके कक्ष के बाहर घण्टों-घण्टों खड़े होकर इन्तज़ार करने की उनकी आदत है। *(खेलती ही रहती है)*

प्रन्नारायण : *(अवसर के अनुरूप दासी से)* उन्हें कह दे कि रानी सरकार समारोह की थकान के कारण शय्यागृह में विश्राम कर रही हैं। थकान ज़रा ज़्यादा है। दो मिनट के बाद वह खुद ही भेंट करेंगी।

[दासी चली जाती है]

विजया : *(खेलती हुई)* प्रन्नारायण! तूने झूठ बात कही?

प्रन्नारायण : नहीं रानी सरकार। मैंने जो कहा उसे राजनीतिक भाषा कहते हैं। वे सब लोग जो आये हैं बड़े बुजुर्ग हैं। उनका झूठा अहंकार न दुखने पाये इस बात का ध्यान रखते हुए उनका अपमान होना उचित है।

विजया : *(खिलखिलाकर हँसती हुई)* प्रन्नारायण! तू कितनी मज़ेदार बात करता है।

प्रन्नारायण : नहीं रानी सरकार। मैंने जो कुछ कहा सब राजनीतिक भाषा में आता है। मगर अब आपको उन लोगों से भेंट कर लेना चाहिए।

विजया : *(गुट्टी समेटकर उठती हुई)* अच्छा! *(एक सामान्य सी लड़की की तरह बैठ जाती है)*

प्रन्नारायण : कृपा करके रानी की तरह बैठें।

विजया : *(दूसरे ढंग से बैठकर)* कैसे? ऐसे?

प्रन्नारायण : *(हँसी रोककर)* उहुँक।

विजया : *(आसन बदलकर)* ऐसे?

प्रन्नारायण : उहुँक।

विजया : तो फिर कैसे? *(एक भयंकर पोज़ लेती है)*

प्रन्नारायण : *(हँसता हुआ)* रानी को इस तरह देखकर तो मन्त्रिमण्डल भाग जायेगा। *(स्वयं पोज़ देकर बिठाता है)* अब ठीक है। अब मन्त्रिमण्डल को यहाँ आने का आदेश दीजिए। मगर एक बात याद रहे। उन बुजुर्ग मन्त्रियों के अहंकार को ठेस न लगाते हुए उनका अपमान और बातचीत राजनीतिक भाषा में आवश्यक है।

विजया : यानी कि सब झूठा। जो कुछ अपने को सही लगे उसका उलटा!

प्रन्नारायण : *(मज़ा लेता हुआ)* श्शू। *(ताली बजाता है। दासी आती है।)*

विजया : *(रानी की तरह पोज़ बनाये हुए)* दासी! साले मन्त्रिमण्डल को अन्दर भेजो।

[दासी बहुत सकुचाई हुई]

प्रन्नारायण : *(स्मरण कराता-सा)* भाषा राजनीतिक, रानी सरकार!

विजया : अच्छा-अच्छा। दासी मान्यवर मन्त्रियों को अन्दर आने की सूचना दो। *(कैसा कहा यह जानने के लिए प्रन्नारायण की तरफ़ देखती है। प्रन्नारायण के चेहरे पर प्रशंसा का भाव। इसके बाद प्रन्नारायण अन्दर जाने लगता है।)*

विजया : मान्यवर प्रन्नारायण! आप यहीं ठहरें।

प्रन्नारायण : मगर...

[मन्त्रिमण्डल का आगमन। मन्त्रीगण क्षण भर विजया को देखकर चकित होते हैं। उसका इस तरह का जन्मजात रानी-सा आचरण और गम्भीरता देखकर मुग्ध होते हैं। अरण्यकेतु तो एकटक रानी को देखते ही रह जाते हैं।]

कर्कशीर्ष : विजयाराजे, आपकी थकान उतर गयी न?

पिष्टकेशी : समारोह में कोई कमी तो नहीं रह गयी बेटी?

[विजया चुप। प्रन्नारायण यह देख हैरान]

व्रात्यसोम : मगर एक बात है कि राज्याभिषेक के समय अपनी विजया बड़ी सुन्दर लग रही थी। क्यों भगदन्त?

[विजया चुप]

अरण्यकेतु : ऐसा लगा कि दरबार में साक्षात् विजयश्री ही प्रगट हो गयी है।

[विजया चुप]

व्रात्यसोम : कुछ राजाज्ञा तुरन्त होने की ज़रूरत है बेटी। इसलिए आज इस बेसमय में हम लोगों ने तुझे तकलीफ़ दी है।

[विजया फिर भी चुप। सारे आश्चर्यचकित]

कर्कशीर्ष : *(धीरे से व्रात्यसोम से)* लक्षण ठीक नहीं है।

पिष्टकेशी : बोल बेटी! क्या बात है? क्या पिता की पुण्य स्मृति में तेरा कण्ठ भर आया है?

अरण्यकेतु : सचमुच आज महाराज को होना चाहिए था।

व्रात्यसोम : एक तरह से देखा जाये तो वह यहाँ मौजूद हैं। ऐसा

व्यक्ति शरीर से चला जाये तो भी उसकी आत्मा मौजूद रहती है। मुझे ही देखिए, मुझसे तो वह रोज़ सपने में मिलते हैं। सच कहता हूँ।

[कर्कशीर्ष उन्हें इशारे से चुप रहने को कहते हैं। एक किनारे बैठा प्रन्नारायण विजया के इस व्यवहार से हतप्रभ। वातावरण में सन्नाटा।]

विजया : *(मन्त्रिमण्डल को पूरी तरह परेशान हो जाने देने के बाद)* हम आज मन्त्रिमण्डल से बात नहीं करेंगे।

अरण्यकेतु : ऐसा क्यों?

व्रात्यसोम : क्यों बेटी?

विजया : मन्त्रिमण्डल ने हमें अभिवादन न करके राज्य की परम्परा का अपमान किया है। हम दम्भद्वीप की महारानी हैं। महारानी को मन्त्रिमण्डल ने अभिवादन नहीं किया।

[मन्त्रिमण्डल में दबी-दबी खुसुर-फुसुर]

व्रात्यसोम : बात यह है बेटी! कि तू हमारी बेटी जैसी है इसलिए...

पिष्टकेशी : महाराज के बाद अब हमीं तेरे पिता की जगह हैं।

विजया : राजपद पर रहने वाले को पद के अनुरूप आचरण करने की परम्परा और नियम है। इसका पालन हमारी तीन पीढ़ी से होता आया है। यह इतिहास में लिखा है। इस इतिहास को हमारे पूर्वजों ने तैयार किया है।

[मन्त्रिमण्डल चकित। प्रन्नारायण हक्का-बक्का।]

मैं आज से इस द्वीप की पुण्यशाली महारानी हूँ।

[मन्त्रिमण्डल हैरान। एक-दूसरे से खुसुर-फुसुर। विजया एक आँख दबाकर यह देख रही है।]

कर्कशीर्ष : *(व्रात्यसोम से फुसफुसाकर)* कल सिंहासन के पाये काटने की ज़िद और आज यह नया तमाशा।

व्रात्यसोम : *(कर्कशीर्ष और भगदन्त से)* चलिए ठीक है। बाल हठ है। पूरा कर दीजिए इसमें हर्ज ही क्या है?

पिष्टकेशी : मुझे तो आपका कहना ठीक लग रहा है। आपका क्या ख़याल है भगदन्त?

[भगदन्त मुस्कराते हैं]

अरे इस समय तो कम-से-कम मौन तोड़िए।

भगदन्त : बिना किये छुटकारा नहीं है।

अरण्यकेतु : मुझे भी लगता है कि परम्परा का पालन करना ही चाहिए।

[सब अभिवादन करते हैं]

विजया : *(रानी का पोज़ छोड़कर अकड़ी हुई गर्दन सहलाती हुई)* अब कभी भी आप लोग ऐसा न करिएगा। मेरी गर्दन दर्द करने लगती है। दूसरी बात यह है कि मन्त्रिमण्डल की एक बैठक तुरन्त बुलवानी है।

कर्कशीर्ष : सो किसलिए?

विजया : महल की सीमा में राज्य की महारानी को, यानी मुझे लुका-छिपी या गुट्टी खेलने का प्रस्ताव पास कराने के लिए।

व्रात्यसोम : हिश्श! इतनी ज़रा-सी बात के लिए बैठक बुलाने की क्या ज़रूरत? आपकी इच्छा है तो मन्त्रिमण्डल अभी इसी क्षण आपके लिए यह प्रस्ताव पास कर सकता है। क्यों पिष्टकेशी? क्यों भगदन्त?

कर्कशीर्ष : मुझे ज़रा विचार करना होगा।

व्रात्यसोम : ठीक है आप कीजिए। मन्त्रिमण्डल सर्वसम्मति से इस प्रस्ताव को स्वीकार करता है।

विजया : मन्त्रिमण्डल कब यहाँ से जायेगा? मेरी गुट्टी का दाँव आधा रह गया है।

कर्कशीर्ष : *(पिष्टकेशी से)* देखा? इसीलिए मैंने विचार करने की बात कही थी।

व्रात्यसोम : विजू! अरे, रानी साहबा। गुट्टी का आधा खेल बाद में इत्मीनान से पूरा किया जा सकता है। इस समय मन्त्रिमण्डल इसलिए उपस्थित हुआ है कि राज्य में कुछ बहुत ज़रूरी फर्मान तुरन्त जारी किये जाने की आवश्यकता आ गयी है।

पिष्टकेशी : हाँ रानी साहबा। उन्हें लिखने के बाद आप इत्मीनान से गुट्टी का अपना अधूरा दाँव पूरा कर सकती हैं। *(प्रन्नारायण से)* प्रतिहारी! रानी सरकार को लेखनी लाकर दो।

[प्रन्नारायण तुरन्त लेखनी लाकर देता है। विजया के सामने पिष्टकेशी कुछ काग़ज़ और एक मुहर रखते हैं।]

यह राजमुद्रा लीजिए। हाँ लिखिए।

विजया : रुकिए। *(कलम पकड़कर ठीक से बैठती है)* हाँ अब ठीक है।

पिष्टकेशी : राजाज्ञा पहली—

विजया : *(कलम फेंककर)* प्रन्नारायण! यह लेखनी बिल्कुल कूड़ा है। दूसरी लाकर दे।

[प्रन्नारायण दूसरी लेखनी लाकर देता है]

देखूँ! *(चलाकर देखती है)* हाँ यह ठीक है। बोलिए क्या लिखना है?

पिष्टकेशी : *(व्रात्यसोम की तरफ़ आँख मारकर फिर विजया की तरफ़ घूमते हैं)* राजाज्ञा पहली—फर्मान जारी किया जाता है कि राज्यारोहण के इस महोत्सव के निमित्त...

विजया : ज़रा रुकिए...महोत्सव के निमित्त...'महौ' कि महो? पिष्टकेशी? 'ह' में 'औ' की मात्रा कि 'ओ' की? क्यों जी कर्कशीर्ष? व्रात्यसोम?

पिष्टकेशी : मेरे ख़याल से तो शायद 'ओ' की ही मात्रा लगेगी...

व्रात्यसोम : 'हौ' भी वैसे खास गलत नहीं लगता।

अरण्यकेतु : दोनों ही चल सकता है। क्यों भगदन्त?

भगदन्त : *(मुस्कराते हुए)* इधर शिक्षा नहीं। निरक्षर।

पिष्टकेशी : फिलहाल 'हो' लिखकर छुट्टी कीजिए। हाँ! तो महोत्सव के निमित्त राज्य के बन्दीगृह से इक्यावन कैदियों के लिए माफीनामा जारी किया जाता है।

विजया : इक्यावन क्यों?

व्रात्यसोम : ऐसे ही! एक कोई अच्छी सी संख्या होनी चाहिए बस!

कर्कशीर्ष : पचास की संख्या भी वैसे खास बुरी नहीं थी, मगर चूँकि मैंने पचास कह दी, इसलिए मारे ज़िद के आपने इक्यावन रखा।

विजया : मैं सौ लिखे देती हूँ।

पिष्टकेशी : *(घबराकर)* नहीं, नहीं। इक्यावन! इक्यावन ही लिखिए। इक्यावन कैदियों को...

विजया : कैसे होते हैं ये कैदी, जी? मैंने तो एक बार महल के बाग में दो-एक कैदियों को काम करते देखा था वह तो एकदम आप ही की तरह थे।

व्रात्यसोम : किसी भयानक जुर्म के कारण उन्हें जेल में कैदी बना दिया जाता है।

कर्कशीर्ष : अरण्यकेतु! विषयान्तर हो रहा है। राजाज्ञा अभी लिखी जानी है।

विजया : *(जीभ दिखाकर)* हुँह, राजाज्ञा लिखी जानी है! रानी यह सब क्यों लिखे? रानी क्या कोई स्कूल में पढ़ने वाली लड़की है? क्यों जी व्रात्यसोम? रानी को आप लोगों ने समझ क्या रखा है?

[मन्त्रिमण्डल के लोग एक दूसरे की तरफ़ देखते हैं।]

(फिर से रानी की अकड़ के साथ) और...मैं चाहूँ तो अभी आप सबको...

प्रन्नारायण : *(तत्परता से आगे बढ़कर)* रानी सरकार! लेखनी टूट जायेगी, सँभालें।

विजया : हाँ! अभी राजाज्ञा लिखना बाकी है। *(पिष्टकेशी से)* हाँ बोलिए! इक्यावन है, तो इक्यावन ही सही। माफीनामा जारी किया जाता है।

पिष्टकेशी : अब नीचे राजमुद्रा लगाइए। लीजिए। *(पिष्टकेशी राजमुद्रा देते हैं। वह जैसा-जैसा बताते हैं विजया करती जाती है।)*

विजया : *(लिखा हुआ काग़ज़ हैंडबिल की तरह पिष्टकेशी के सामने रखती हुई)* लीजिए राजाज्ञा क्रमांक एक *(दूर पर खड़े प्रन्नारायण को खासतौर से खोजकर)* प्रन्नारायण! अक्षर कैसे बने हैं देखा? *(हँसती है)* बिल्कुल जैसे मुर्गे की टाँग *(देर तक खिलखिलाकर हँसती रहती है)* हाँ पिष्टकेशी जी, आप बोलिए। अगली राजाज्ञा?

पिष्टकेशी : *(पहला काग़ज़ हाथ में लेकर)* लिखिए। राजाज्ञा क्रमांक दो।

विजया : *(जीभ नाक से लगाकर लिखने का पोज़ बनाती है)* हूँ। अब लिखावट ज़रा ठीक आयेगी। पिष्टकेशी! ऐसी कम से कम दस राजाज्ञा रोज़ मुझसे लिखवाया करिए, या पच्चीस, नहीं तो इक्यावन *(व्रात्यसोम की तरफ़ देखकर)* एक कोई अच्छी सी संख्या होनी चाहिए न इसीलिए कह रही हूँ! पिष्टकेशी, मुँह बनाने की ज़रूरत नहीं है। बोलिए जो बोलना है, मैं लिख रही हूँ।

पिष्टकेशी : राजाज्ञा जारी की जाती है कि...

विजया : मैं तो अब इस तरह के ढेर सारे काग़ज़ में यह लिखकर ही रखने वाली हूँ। 'राजाज्ञा जारी की जाती है।' 'राजाज्ञा जारी की जाती है।' 'राजाज्ञा जारी की जाती है।' आखिर इससे फायदा क्या? हर बार वही-वही लिखते रहो! आखिर कोई हद भी है? *(लिखती हुई)* फिर राजाज्ञा जारी की जाती है कि...

कर्कशीर्ष : इसमें से 'फिर' काट दीजिए।

विजया : नहीं काटूँगी *(एक क्षण वातावरण में तनाव)* जब मैंने 'फिर' लिखा ही नहीं है तो काटूँ क्यों? हाँ बोलिए जल्दी। राजाज्ञा जारी की जाती है कि...

पिष्टकेशी : हमारे पूज्य पिताजी–

विजया : वह तो भगवान के पास चले गये।

पिष्टकेशी : उसी के सम्बन्ध में लिखना है। लिखिए। हमारे पूज्य पिताजी दम्भराज्याधिपति, सकल गुण गौरव, रणभैरव, विद्या कला राजकाजादि कल कलरव *(धीमे स्वर में कर्कशीर्ष से)* आगे क्या था जी, कर्कशीर्ष?

कर्कशीर्ष : दरबार के रीजि-रिवाज़ भी भूल गये? क्या हो गया है आपको? लिखवाइए! सत्‌चरित, सत्‌प्रेरित, सकल शास्त्र पण्डित, सद्‌सद विवेक मण्डित, चिरयुवा, चिरपावन–

[विजया जंभाई लेती है]

विजया : *(जंभाई को दबाकर)* उँह चली गयी।

कर्कशीर्ष : चिरायु। सर्व पीड़ा हारक, समस्त दांभिक राज्य प्रतिपालक, सम्राट पद धारक... *(विजया को चुप बैठा देखकर)* यह क्या? आप बैठी हैं?

विजया : यह सब बहुत लम्बा और कठिन है। मैंने 'हमारे पूज्य पिता जी' के बाद वग़ैरह लिख दिया है उसी में सब आ जायेगा।

कर्कशीर्ष : राजाधिपति की दरबारी विरुदावली शुरू से आखिर तक लिखी जानी चाहिए। यह ज़रूरी है।

विजया : महारानी को यह मान्य नहीं है।

कर्कशीर्ष : दरबार की परम्परा व्यक्ति निरपेक्ष होती है रानी साहबा! वह काले पत्थर पर खिंची लकीर की तरह अमिट होती है।

विजया : मगर रानी को अगर उससे ऊब लगे तो वह उसे बदल सकती है।

कर्कशीर्ष : ऐसे अवसरों पर रानी से ज़्यादा महत्त्वपूर्ण दरबार की परम्परा और रीति-रिवाज़ होते हैं। उन्हें मानना ही होगा। उन्हें टाला नहीं जा सकता।

विजया : *(एकाएक उठकर खड़ी हो जाती है)* तो फिर अपनी राजाज्ञा हमें अलग से लिखनी होगी।

प्रन्नारायण : *(प्रासंगिक व्यवधान को ध्यान में रखकर तुरन्त चषक लेकर विजया के पास जाता है)* क्षमा करें। विवाद से स्वाद अधिक अच्छा है ग्रहण करें।

[सचेतन होकर विजया उसे लेती है। सारे मन्त्री एक जगह इकट्ठे होते हैं]

व्रात्यसोम : जाने दीजिए कर्कशीर्ष।

पिष्टकेशी : कच्ची उम्र की नासमझी पर आपको ध्यान नहीं देना चाहिए...

अरण्यकेतु : बीच में कुछ खाली जगह छुड़वाकर छुट्टी कीजिए। महाराज की विरुदावली खाली जगह में बाद में भर दी जायेगी। वह तो सिर्फ़ उसका एक तान्त्रिक पक्ष है।

व्रात्यसोम : राजाज्ञा कायदे से लिखी हुई हाथ में आनी चाहिए बस और क्या! द्वीप के उपद्रवों को दबाना इस समय सबसे ज़रूरी है।

कर्कशीर्ष : नहीं, दिवंगत दम्भराज्याधिपति का यह अपमान मैं कतई सह नहीं सकता।

[सब आपस में बात करने लगते हैं। काफ़ी चर्चा के बाद अन्ततः किसी नतीजे पर पहुँचते हैं]

व्रात्यसोम : ठीक है रानी साहबा। राजाज्ञा में से विरुदावली की खाली जगह छोड़ दीजिए।

विजया : *(फिर लिखने का पोज़ लेती है)* राजाज्ञा बोली जाये।

व्रात्यसोम : *(पिष्टकेशी और कर्कशीर्ष को आँख के इशारे से जताते हैं कि मैं बोल देता हूँ)* हाँ लिखिए। 'हमारे पूज्य पिताजी' जगह खाली। 'विचित्रवीर्य महाराज के दुःखद निर्वाण के उपरान्त द्वीप पर कुछ घातक शक्तियों ने परिस्थिति का गलत फायदा उठाकर राज्य के मन्त्रिमण्डल के मान्यवर मन्त्रियों के विरुद्ध तथा सत्ता के विरुद्ध सशस्त्र विद्रोह कर दिया है, जो कि राजद्रोह है।

विजया : राजद्रोह के क्या मतलब हैं?

व्रात्यसोम : राजा के विरुद्ध विद्रोह।

विजया : तो अभी कर्कशीर्ष ने यही तो किया है।

कर्कशीर्ष : मैं आजन्म राज्यनिष्ठ रहा हूँ।

विजया : आप आजन्म कर्कशीर्ष रहे हैं। बोलिए आप व्रात्यसोम! किसी तरह लिखकर ख़त्म करूँ। हाँ राजद्रोह, फिर?...

व्रात्यसोम : राजद्रोह के विरुद्ध सख़्त उपाय अपनाकर उसे जड़-मूल समेत उखाड़ फेंकना होगा। *(नज़र भगदन्त पर)*

विजया : *(लिखती है। फिर राजमुद्रा लगाती है। फिर काग़ज़ को हाथ में लेकर नीचे ज़मीन पर छोड़ती हुई)* हो गयी राजाज्ञा क्रमांक दो।

[व्रात्यसोम झट से काग़ज़ को उठाकर पिष्टकेशी को देते हैं]

व्रात्यसोम : अब बस आखिरी राजाज्ञा। क्रमांक तीन। राजाज्ञा जारी की जाती है कि राज्य के कार्यभार की सुविधा के लिए मन्त्रिमण्डल के अधिकार बढ़ाये जाने ज़रूरी हैं। इसलिए आज के बाद से राज्य के सारे निर्णय मन्त्रिमण्डल की पूरी सलाह से ही लिए जायेंगे।

[जल्दी-जल्दी लिखकर राजमुद्रा लगाती है। और पहले वाले काग़ज़ की तरह ऊपर से ही ज़मीन पर

छोड़ देती है। पिटकेशी लपककर उसे बीच में ही पकड़ लेते हैं।]

आज की राजाज्ञा ख़त्म हुई।

विजया : राजाज्ञा क्रमांक चार! जो लोग गुट्टी खेलने के लिए रुकना चाहें वही लोग यहाँ रुक सकते हैं। बाकी लोग यहाँ से जा सकते हैं।

कर्कशीर्ष : व्रात्यसोम! यह मन्त्रिमण्डल का अपमान है।

विजया : यह गुट्टी के खेल का अपमान है।

[कर्कशीर्ष को समझाते हुए व्रात्यसोम वगैरह सारे मन्त्रीगण वहाँ से चले जाते हैं।]

विजया : *(उन सब के जाने के बाद प्रन्नारायण से)* क्यों? कैसी रही?

प्रन्नारायण : रानी सरकार, क्रोध न करें तो कहूँगा कि कुछ बातों में ज़्यादती हुई।

विजया : तो तूने ही तो सिखाया था मुझे कि उनका अपमान करना ही चाहिए। सिर्फ़ उनके झूठे अहंकार को ठेस न लगे इसका ध्यान रखना चाहिए।

प्रन्नारायण : मगर कर्कशीर्ष क्रोधित होकर गये।

विजया : ठीक है। बाकी लोग तो प्रसन्न थे।

प्रन्नारायण : मगर रानी साहबा, डंक मारकर फुफकारना अलग गुण-धर्म है और डंक के साथ फुफकार, राजनीतिक गुण-धर्म माना जाता है।

विजया : मैं इस द्वीप की रानी हूँ। मुझको वह साले बुढ्ढाची बन्दर सलीका सिखाने चले थे? समझते क्या हैं वह अपने आपको!

प्रन्नारायण : बुजुर्ग होने के कुछ बेजा फायदे भी होते हैं।

विजया : तो रानी होने के भी बेजा फायदे होने चाहिए।

प्रन्नारायण : समय और अवसर देखकर यह फायदे लिए और दिये जा सकते हैं, रानी सरकार! राजनीति और इन्सानियत में छत्तीस का नाता है, वह त्याग का भोग है। त्याग का दिखावा राजनीति में हमेशा फायदेमन्द होता है।

विजया : ठीक है। समझ गयी। तेरी इस राजनीति से मेरा सिर

चकराने लगा। प्रन्नारायण! तू क्यों नहीं रानी बन जाता? मैं प्रतिहारी हुई जाती हूँ।

प्रन्नारायण : यह ईश्वर के यहाँ से लिखकर आता है रानी सरकार! उसकी ही कृपा से सब मिलता है।

विजया : तू बड़ा समझदार है।

प्रन्नारायण : यह भी ईश्वर की कृपा है। अलिप्त रहने से ही बहुत कुछ समझने की शक्ति मिलती है। मैं किन्हीं भी दो के बीच बेगाना हूँ और किन्हीं तीन के बीच अनजाना हूँ। मैं सबसे अलग हूँ। इस ज़िन्दगी की नाव का मैं सिर्फ़ पंछी हूँ जो नाव में रहकर भी नाव में नहीं रहता।

विजया : तेरी गोद में सिर रखकर लेटने की इच्छा हो रही है।

प्रन्नारायण : इच्छा क्यों रानी सरकार! आज्ञा करें।

[विजया प्रन्नारायण की गोद में सिर रखकर लेट जाती है]

विजया : मैं बहुत थक गयी हूँ। मैं बहुत परेशान हूँ प्रन्नारायण! यह तेरी गोद मेरा एक अकेला आधार है। लगता है कि सिर्फ़ यही एक जगह है जहाँ मैं निश्चिन्त होकर आराम कर सकती हूँ। बाकी सब तरफ़ भयानक जंगल है जिसमें डरावने जानवर भरे हुए हैं और सबके ऊपर एक भयंकर पिशाच हँसता हुआ नाच रहा है। वह पापू का भूत है प्रन्नारायण। मुझे बड़ा डर लगता है। क्या होगा मेरा?

[प्रन्नारायण उसके माथे को हाथ से सहलाता है]

प्रन्नारायण : मैं माथा सहलाता हूँ। अच्छा लगेगा। विजया राजे! भयानक जंगल में रंग-बिरंगी कोमल तितलियाँ भी रहती हैं। सुन्दर हिरनी का झुण्ड भी वहीं किलकारियाँ भरता घूमता है। भोले पंछी वहीं अपने घोंसले बनाते हैं। सिंहनी अपने नवजात शिशु को वहीं अपना दूध पिलाकर हिंसक नर बनाती है। मुर्दा शरीर पर पलकर उसी भयानक जंगल में नयी सृष्टि, नयी ज़िन्दगी पनपती है। उन्हें निर्मित करने वाली, उनकी रक्षा करने वाली और उन्हें पाल-पोसकर बड़ा करने वाली शक्ति

उसी निविड़ में उत्पन्न होती है। उस भयानक निर्जन में जहाँ पिशाचों का उन्मत्त नर्तन लिए हुए रात आती है, वहीं सुन्दर आलोक भरी चहल-पहल लेकर दिन भी आता है। सूर्य के आलोक की शक्ति को समझने के बाद ही रात में पिशाच वहाँ ठहर पाते हैं। दिन के बाद रात आती है और रात के बाद फिर आलोक भरा नया दिन उगता है, यह अरण्य का स्वभाव है। यह हर दिन प्रकट होने वाला यथार्थ है। इस भयानक जंगल में सब कुछ सुरक्षित होते हुए भी कुछ भी सुरक्षित नहीं है और पूरी तरह असुरक्षित भी नहीं है। जंगल के व्यवहार का यही मर्म है। वहाँ का हर प्राणी भक्षक होता है और हर प्राणी भक्ष्य भी होता है। जो बलि है वही यदि बच गया तो बधिक हो जाता है। यहाँ कुछ भी चिर-स्थायी नहीं है। कोई भी प्राणी अक्षय विजयी नहीं है और कोई भी निरन्तर हारता भी नहीं है। इसलिए यह अरण्य सर्वश्रेष्ठ है...

[सहसा देखता है कि विजया गहरी नींद में सो गयी है]

सब दुख-चिन्ता हारक यह सुख निंदिया है! रानी सरकार! यह सुख निद्रा आपको, आँधी से भरे आपके फलते-फूलते इस जीवन को सदा मिलती रहे। बस यही इच्छा है।

(अन्धकार। परदा गिरता है)

दूसरा दृश्य

कलमधारी : *(दोनों मिलकर) महिमामय मण्डित दिन आया*
भरकर अमृत रस घट लाया
स्वर्णिम अक्षर में लिखा गया
यह महाकाल इतिहास का
आता सदियों में एक बार
है दिन मंगल उल्लास का

महिमामय मण्डित दिन आया
भरकर अमृत रस घट लाया।

बारी-बारी से : *दम्भ हृदय का सिंहासन / रानी का उस पर आरोहण*
साजें विजया सिंहासन पर / मन्त्री पंचायत इधर-उधर
दम्भ राज्य की स्वामिनी / दम्भ प्रजाज्ञान उद्बोधिनी
दम्भ राज्य शपथ स्वीकारिणी / श्रेष्ठ दम्भिनी उपाधिधारिणी
बायें से दायें / दायें से बायें
दायें से दायें / बायें से बायें
नीचे से ऊपर / ऊपर से नीचे
ऊपर से ऊपर / नीचे से नीचे
मन्त्री पंचायतन, मन्त्री पंचायतन!
मन्त्री पंचायतन

दोनों : *(साथ-साथ) दम्भ हृदय का सिंहासन*
रानी का उस पर आरोहण
महिमामय मण्डित दिन आया
भरकर अमृत रस घट लाया

[साथ-साथ बैंड की धुन। आगे-आगे मन्त्रीगण, पीछे विजयाराजे उस धुन की लय के साथ चलते हुए आते हैं और मंच पारकर दूसरी तरफ़ से अन्दर चले जाते हैं। विजया के सिर पर मुकुट है। अब ढोल-ताशे के बजने की आवाज़ आने लगती है]

कलमधारी : *(दोनों साथ-साथ) महिमामय मण्डित दिन आया*
भरकर अमृत रस घट लाया
हर हाइनेस विजयाराजे का शुभ आगमन
अखिल दम्भद्वीप महिला परिषद् का अधिवेशन
प्रथम महिला सत्ताधारिणी के करकमलों
मच्छ निर्मूलन अभियान का उद्घाटन
दम्भद्वीप धोबी संगठन द्वारा
रानी विजयाराजे का अभिनन्दन
दम्भ दर्जी समाज की ओर से
रानी को मानपत्र अर्पण
दम्भ भाषिक साहित्य सम्मेलन में

विजया राजे का अभूतपूर्व भाषण
अन्धों की विकट समस्या पर
रानी का विशेष चिन्तन
शान्ति के लिए प्रयत्नशील रहने का
विद्वदजनों का विशेष सम्मेलन
जनसेवा व्रत लेने का
व्यापारियों को विनम्र आवाहन
अन्तरद्वीप कुश्ती शिविर में
दम्भरानी सरकार का आगमन
मालिक मज़दूरों के झगड़े का
रानी विजया द्वारा समापन
रानी को जुकाम
रानी को बड़ा काम

रानी का दुर्लभ दर्शन
रानी का मार्मिक भाषण
रानी का विजयी अट्टहास
घिरी प्रजा रानी के पास
विजयाराजे इसमें
विजयाराजे उसमें
विजयाराजे ऐसी
विजयाराजे वैसी
बायीं ओर दिखती कुहनी पिष्टकेशी की
दायें दिखाता बदन का कोना कर्कशीर्ष
पीछे झलकती तोंद व्रात्यसोम होंगे
ज़रा-सा दिखता कान शायद भगदन्त
आकाश में गुंजित जयघोष
धरती के कण-कण में जोश
महिमामय मण्डित दिन आया
भरकर अमृत रस घट लाया।

[यह चल ही रहा है कि इसी बीच ढोल-ताशा, लेजिम की झनकार के बीच मंच पर मोटरकार का कट-आउट आता है। मोटर में विजयाराजे खड़ी

है। जनता को सम्बोधित कर हाथ हिला रही है। नमस्कार कर रही है। विजयाराजे सहित मोटर का कट-आउट अन्दर चला जाता है।]

[अन्धकार। पीछे का परदा उठता है। गुप्त मन्त्रणागृह का दृश्य। यहाँ कर्कशीर्ष, पिष्टकेशी, अरण्यकेतु, व्रात्यसोम तथा भगदन्त मौजूद हैं।]

कर्कशीर्ष : राम राम राम! भयंकर है यह तो। अब तो हद ही हो गयी।

पिष्टकेशी : सचमुच मैं तो कभी यह सोच भी नहीं सकता था।

कर्कशीर्ष : दम्भद्वीप की रानी का ऐसा आचरण? कल्पना ही नहीं की जा सकती।

अरण्यकेतु : वैसे आप लोगों को यह चाहे जितना अजब लगा हो मुझे तो कुछ खास नहीं लगा। मगर हाँ, उन्होंने इसे जिस ढंग से किया वह ढंग ज़रूर ज़रा...नागवार लगा। लेकिन...

व्रात्यसोम : वह सब विजयाराजे नहीं कर रही थी अरण्यकेतु! वह विचित्रवीर्य महाराज का रक्त था जो उनमें यह सब करा रहा था। उन्हीं की तरह सस्ती लोकप्रियता का सहारा लेने का ढंग और भोली जनता को मूर्ख बनाकर अपना काम बना लेने का जाना-पहचाना हथकंडा।

कर्कशीर्ष : विचित्रवीर्य महाराज जैसे भी रहे हों पर उनकी बात ही कुछ और थी। उनकी योग्यता बेजोड़ थी।

पिष्टकेशी : भई, मोर का नाचना तो समझ में आता है मगर उनकी नकल में मोरनी भी नाचने लगे तो क्या अच्छा लगेगा? क्यों अरण्यकेतु?

अरण्यकेतु : आप ठीक कहते हैं पिष्टकेशी। रानी साहब का आचरण बहुत बचकाना था, उनकी प्रतिष्ठा के विपरीत। मगर मैं सोचता हूँ कि मुझे अभी कुछ विचार कर लेना चाहिए। क्योंकि मुझे उनके आचरण पर उतनी आपत्ति नहीं जितनी उस आचरण के करने के तरीके पर। एक रानी के ऊपर वह आचरण ज़रा...

व्रात्यसोम : आप भी सीधी-सी बात को खामखाह उलझा रहे हैं। अरे आचरण में और उसके तरीके में क्या फ़र्क़ हो सकता है, यही मेरी समझ में नहीं आ रहा है। फजूल की बात है।

मेरी नज़र में तो वह सब कुछ अनाड़ीपन से भरा, एक हास्यास्पद स्टंट के अलावा और कुछ नहीं था। बल्कि मैं तो कहूँगा कि रानी को अपने दौरे के बीच में उधर जाना ही नहीं चाहिए था। उसकी ज़रूरत ही क्या थी? फिर जिस जगह उन्होंने अपनी मोटर रोकी या रुकवाई वह पूरी बस्ती कदम्ब जाति के विद्रोहियों की है। अभी कुछ ही दिन पूर्व राजाज्ञा के आधार पर हम लोगों ने उन्हें और उनके विद्रोह को बुरी तरह से कुचल कर नष्ट किया है। मान लीजिए अगर आज वहाँ पर कोई अप्रिय घटना घट गयी होती तो उसकी ज़िम्मेदारी कौन लेता? कहिए अरण्यकेतु! मैं सोचता हूँ कि हम लोगों को अभी इस पर विचार करना होगा, है न? ठीक है, मैं मानता हूँ कि रानी को देखते ही वहाँ की औरतें और बच्चे उनका रास्ता रोक कर खड़े हो गये। हो गये होंगे! पर मोटर क्यों रुकवाई गयी? मैं तो अपनी बात कहता हूँ अरण्यकेतु। उस मोटर में अगर मैं होता तो चाहे जो होता पर मोटर हरगिज नहीं रुक सकती थी। आपकी क्या राय है कर्कशीर्ष?

कर्कशीर्ष : मैं तो उन कमीने राजद्रोहियों के ऊपर से मोटर चढ़ा ले जाता...

व्रात्यसोम : वह मूर्ख लड़की अपने साथ बैठे वरिष्ठ अधिकारियों की सलाह लिए बिना मोटर से नीचे उतर गयी। कुछ नहीं। मुझे इस तरह बोलने का अधिकार है, उससे उम्र में बहुत बड़ा हूँ। उसके बाप के साथ काम कर चुका हूँ। मैं जो चाहूँ कह सकता हूँ।

पिष्टकेशी : यह अधिकार तो हम सभी को है।

व्रात्यसोम : उसके साथ चलने वाले संरक्षक जिन्होंने उसे उतरने को मना किया था, क्या मूर्ख थे?

कर्कशीर्ष : और दौरे का कार्यक्रम बनाने वाले हम सब मन्त्रीजन क्या पागल थे? यह तो सरीहन मन्त्रिमण्डल की बेइज़्ज़ती हुई है। इस बेइज़्ज़ती का बदला लेने के लिए सख़्त क़दम उठाना होगा।

पिष्टकेशी : मैं एक सौ एक प्रतिशत आपकी बात से सहमत हूँ। ख़तरे वाली बात को अगर हम लोग छोड़ भी दें तो भी उसके बाद जैसी-जैसी घटनाएँ घटीं वह एक राजप्रमुख के लिए कितनी शर्मनाक थीं। मैं तो कहूँगा कि वह बहुत बचकानी और हास्यास्पद थीं इसमें कोई भी दो राय नहीं। रानी साहब कदम्ब जाति के लोगों की झोंपड़ियों के भीतर चली गयीं।

व्रात्यसोम : उन्होंने बस्ती के बच्चों के मुँह चूमे।

कर्कशीर्ष : विद्रोह के समय कैदी बनाये गये या मारे गये लोगों के परिवार के साथ सहानुभूति दिखायी।

पिष्टकेशी : वहीं जलपान किया।

व्रात्यसोम : उसके साथ भाषण दिया। *(चश्मा चढ़ाकर कोई काग़ज़ निकालते हुए)* भाषण की प्रति मुझे संरक्षक अधिकारी ने अपने हाथ से दी है। उस भाषण में उन्होंने द्वीप के भविष्य की योजनाओं से लेकर कदम्ब कबीले की गन्दगी तक कम से कम चौदह या पन्द्रह विषय ज़रूर ही उठाये होंगे। आखिर...आखिर औलाद तो विचित्रवीर्य की ही है न! उनका खून कुछ तो गुल खिलाएगा ही। और इस सब के ऊपर यह आश्वासन भी उन्होंने दिया कि विद्रोह के कारणों की जाँच पड़ताल होगी।

कर्कशीर्ष : *(उठकर)* इसको सत्ता से अलग कीजिए।

व्रात्यसोम : तो फिर सत्ता का अधिकारी कौन होगा?

कर्कशीर्ष : कौन यानी क्या? मैं!

व्रात्यसोम : *(ताली बजाकर)* वाह, भाई कर्कशीर्ष! वाह आपके आत्मविश्वास पर तो हम लोग वारी बलिहारी है। जवाब नहीं आपका! आपने सोचा होगा कि आपके यह कहते ही हम झट से यह सत्ता आपकी गोद में डाल देंगे।

पिष्टकेशी : इस समस्या पर नये सिरे से व्यापक चर्चा होगी। वैसे मेरा जहाँ तक सवाल है मैं लोकशाही में विश्वास करता हूँ। इसलिए सत्ता पर थोड़ा-बहुत अपना भी अधिकार है। और उस अधिकार के नाते मैं विधायक और लोकशाही में झगड़ा खड़ा कर सकता हूँ और उसे तब तक चला सकता

हूँ जब तक कि निर्णय एक मत से न ले लिया जाये।

व्रात्यसोम : यह असम्भव है। आप कुछ भी कहें पर राजतन्त्र पर से मेरे प्रभाव को आप सब मिलकर भी तिल मात्र घटा नहीं पाये हैं। और इस प्रभाव को मैं इतनी आसानी से छोड़ने वाला नहीं। आप लोग भ्रम में न रहें इसलिए कहा। मैं क्या बताना चाहता हूँ यह आप समझ ही गये होंगे। क्योंकि मैं तो ठहरा खाने-पीने वाला राजनीतिज्ञ। मुझे दीन-दुनिया से कुछ लेना-देना नहीं। मगर मेरा ख़याल है कि इस समस्या पर कोई निर्णय लेने का उचित समय अभी नहीं आया है। अभी सिर्फ़ हम विजू को एक अच्छा सबक दे दें, और उसको अपनी शक्ति की जानकारी दे दें। उसके गलत आचरण पर अपने सामूहिक प्रयास से रोक लगा दें। हमें प्राण देकर यह काम करना होगा, और यह करना ही होगा। यही एक अकेला ठीक रास्ता है। हम अगर एकसाथ मिलकर कोशिश करें तो हमें इसे करने में कोई कठिनाई नहीं होगी।

कर्कशीर्ष : अगर यह उसे सत्ता से हटा सकने में सहायक हो सके तो मैं आपके साथ पूरी तरह सहमत हूँ। मगर उसे करारा झटका लगना ज़रूरी है।

अरण्यकेतु : सत्ता से हटा ही देना अगर ज़रूरी न हो तो मैं आपके साथ हूँ। और आपकी किसी भी योजना में या उपाय में मैं आपका साथ दूँगा।

व्रात्यसोम : इस सम्बन्ध में भगदन्त की क्या राय है? कदम्ब जाति की बस्ती में घटी उस दिन की घटना को हम छोड़ दें तो भी उनके विद्रोह को कुचलने की घटना से लेकर आज तक, कम से कम मुझे तो वह बिल्कुल ही उदासीन नज़र आ रहे हैं। आखिर मामला क्या है? क्यों भगदन्त?

भगदन्त : *(कन्धे उचकाकर)* हवा का रुख ठीक नहीं है। आपका निर्णय मान्य है।

व्रात्यसोम : हम लोगों को एक साथ होकर पहले ही झटके में अपनी शक्ति का बोध करा देना चाहिए।

कर्कशीर्ष : उसे पूरी तरह से पंगु कर देना चाहिए। शक्तिहीन।

उसे यह बात अच्छी तरह से समझा देना होगा कि मन्त्रिमण्डल की उपेक्षा करके कुछ करना उसके हक में कितना बुरा हो सकता है। बस और कुछ नहीं।

अरण्यकेतु : सत्ता से उसे अलग कर देने वाली बात को छोड़कर बाकी सब मुझे मंजूर है।

व्रात्यसोम : *(उठते हुए)* भगवत् कृपा से जल्दी से जल्दी वह अवसर आये ऐसी हम सब आशा करें। वैसे भगवान चाहेंगे तो कुछ हिस्सा उन्हें भी दे दिया जायेगा। है न पिष्टकेशी। क्यों, हः हः हः!

(सब उठ जाते हैं। परदा गिरता है।)

तीसरा दृश्य

[भीड़ के इफेक्ट के साथ वायुयान की सीढ़ी की तरह की एक सीढ़ी स्टेज पर लाकर परदे में खोंस दी जाती है। नीचे दो रक्षक दर्शकों की तरफ़ पीठ किये हुए अदब से खड़े हैं। सीढ़ी के ठीक ऊपर परदे में बना हुआ दरवाज़ा खोलकर विजयाराजे वायुयान से उतरती, नमस्कार करती हुई आ रही है। दो-तीन सीढ़ी उतरकर वह रुकती है। ज़ोर से जयघोष की गूँज होती है। उसी जयघोष के बीच वह नीचे उतरती है। सीढ़ी हटाकर विंग में ले जाई जाती है। रक्षक अब दर्शकों की ओर घूम जाते हैं। ये दोनों वही पूर्वपरिचित कलमधारी हैं।]

कलमधारी : *महाराज के निधन से आयी रिक्तता को भर दिया*
दम्भद्वीप की प्रतिष्ठा बढ़ा जंबुद्वीप तक कर दिया
महँगाई का निर्देशांक रोकने में समर्थ
खेती उत्पादन का इष्टांक एक सीमा में बद्ध
बेरोजगारी डेढ़ प्रतिशत ही बढ़ी
भिखमंगों पर कार्रवाई कड़ी

मलेरिया विरोधी अभियान में बढ़ौती
विदेशी सहायता में अब की नयी कटौती
बाल मृत्यु दर में गज़ब की कमी
केले की निर्यात दर हुई दस गुनी
बारह नयी कमिटियाँ नियुक्त
पाँच प्रतिनिधि मण्डल रवाना
सात आयुक्तों की निवृत्ति
दो महामण्डलों की स्थापना
पच्चीस नये अनुदान
पचास नये प्रतिष्ठान
एक सौ तिरसठ आश्वासन
इस वर्ष कहीं अधिक भाषण
फिर भी, प्रतिपक्ष पर कोई दोषारोपण नहीं
असन्तोष फिर भी, स्थिति उत्कर्षमय रही
महारानी का यशस्वी यह प्रथम वर्ष
यशस्वी यह प्रथम वर्ष, यशस्वी यह प्रथम वर्ष!

[ड्रम नगाड़े की धुन के साथ दोनों कलमधारी अन्दर जाते हैं]

(परदा गिरता है।)

चौथा दृश्य

[विजयाराजे अपने महल में बैठी हुई कुछ लिखने में तन्मय है। व्यक्तित्व में हुआ परिवर्तन परिलक्षित है। पहले से कहीं अधिक आत्मविश्वास चेहरे से झलक रहा है। एकाएक बहुत प्रसन्न होकर प्रन्नारायण को पुकारती है। प्रन्नारायण आता है।]

प्रन्नारायण : किसलिए पुकारा रानी सरकार?

विजया : *(उसकी पीठ पर ज़ोर से एक धौल जमाकर)* रानी सरकार नहीं, विजयाराजे।

प्रन्नारायण : *(पीठ सहलाता हुआ)* विजयाराजे। मगर इस समय अकारण यह प्यार भरी ज़्यादती क्यों? कहीं किसी ने देख लिया तो गरीब की नौकरी चली जायेगी।

विजया : तू गरीब? तो फिर बाकी लोग तो हज़ार-लाख गुना गरीब होंगे बुद्धू! सुन, मैंने आज एक काम किया है। पिछले कई दिन से कदम्ब जाति के कल्याण के लिए मैं एक योजना बना रही थी। आज वह पूरी हो गयी है और जैसा मैं चाहती थी ठीक वैसी ही बन गयी है। मैं आज अपने ऊपर बहुत ज़्यादा खुश हूँ प्रन्नारायण। बहुत खुश हूँ। यह योजना अगर लागू हो गयी न! तो तू देखेगा कि अगले पाँच ही बरस के अन्दर इस द्वीप के ये मूल निवासी आर्थिक रूप से कितने आत्मनिर्भर और सम्पन्न हो जायेंगे। उनका दुःख, उनकी तकलीफ़, उनकी गरीबी, सबकुछ एकदम दूर हो जायेगा। तुझे पता है कि इस द्वीप में इस मूल जाति की जनसंख्या कितनी है? मामूली नहीं है रे! पूरे द्वीप की जनसंख्या में से बीस प्रतिशत हैं ये लोग। सुना है पचास बरस पहले ये लोग तैंतीस प्रतिशत थे। मगर भूख, गरीबी और बीमारी से यह संख्या बराबर घटती रही है। पापू की मृत्यु के तुरन्त बाद जो विद्रोह हुआ था उसमें इस कबीले के अनगिनत लोग मारे गये, सैकड़ों खाने की तलाश में द्वीप छोड़कर चले गये और न जाने कितने अभी तक जेल में सड़ रहे हैं। यह कबीला बहुत बहादुर है। बहुत स्वाभिमानी हैं ये लोग। ये मौत को गले लगाना पसन्द करेंगे मगर किसी की दया पर जीना पसन्द नहीं करेंगे। किसी के आगे हाथ नहीं फैलायेंगे, किसी की शरण नहीं जायेंगे। मगर पापू ने इनकी इस दयनीय दशा पर कभी ध्यान नहीं दिया। इस कबीले के बल पर द्वीप में नये-नये लोग पैसे वाले बन गये और ये लोग...इन लोगों को तूने कभी पास से देखा है प्रन्नारायण? मैंने तो खूब अच्छी तरह देखा है। वह 'हाराकिरी' के लिए मेरी मोटर के सामने आकर खड़े हो गये थे। स्त्रियाँ, बच्चे, बूढ़े, जवान सब।

वे सब सीना ताने हुए बड़े गर्व के साथ खड़े रहे। मानो यह कह रहे हों कि लो मार डालो हमें। मैंने ड्राइवर से गाड़ी रोकने को कहा और मैं नीचे उतरकर उनकी भीड़ के अन्दर घुस गयी। उन्हें करीब से देखा, जाना। उनकी ज़िन्दगी को, उनके रहन-सहन को उनके बीच रहकर देखा। उनके साथ खाना खाया, बातें कीं। प्रन्नारायण ये लोग विचित्र हैं, अद्‌भुत हैं। इनके शरीर हड्डी के ढाँचे हैं, पीठ पेट से सटे, पसली की एक-एक हड्डी उभरी हुई दाढ़ी-बाल बढ़े, शरीर पर अधूरे कपड़े, मगर उनकी आँखों में अजब-सी चमक है। प्रन्नारायण! उनमें से किसी का सिर मैंने झुका हुआ नहीं देखा। जैसे वह लोग सर्वनाश का स्वाद लेते-लेते पत्थर हो गये हैं। इस तरह की ज़िन्दगी में रहकर, इस तरह सीना तानकर और मुँह बन्द करके रहना आसान नहीं है प्रन्नारायण! बहुत कठिन है। बहुत ही कठिन है। और बड़ा आश्चर्यजनक है। यह बड़ी खास बात मैंने उनमें देखी। इतनी देर मैं उनके बीच में रही, उन्होंने मुझसे कुछ माँगा नहीं। बल्कि मुझे ही विवश किया कि मैं उनसे कुछ ले लूँ। जैसे वही लोग राजा थे और मैं उनकी प्रजा। प्रन्नारायण! द्वीप के इस वैभव को बचाने की मैं पूरी शक्ति से कोशिश करूँगी। उन्हें बचाऊँगी, उनकी देखभाल करूँगी। उन्हें सम्मान से जीने की सारी सुख-सुविधा और अवसर दूँगी।

प्रन्नारायण : सवेरे से आपने कुछ खाया नहीं। दूध का सेवन भी नहीं किया। ले आऊँ।

विजया : मुझे भूख नहीं है।

प्रन्नारायण : योजना से पेट नहीं भरा करता।

विजया : मगर मेरा भर गया है।

प्रन्नारायण : *(जाता हुआ)* दूध लेकर आ रहा हूँ। पहले उसका पान कर लें। थोड़ी देर में भोजन का प्रबन्ध हो जायेगा।

विजया : *(प्रन्नारायण के हाथ से दूध लेकर)* लेकिन यह जबरदस्ती क्यों प्रन्नारायण? यह खाओ, यह पियो, यह करो, वह करो! क्यों? बोल! कौन है तू मेरा?

प्रन्नारायण : सेवक!

विजया : नहीं! तू तो मुझे माँ जैसा लगता है, सच कहती हूँ रे! अच्छा प्रन्नारायण! कोई पुरुष किसी की माँ कैसे हो सकता है?

प्रन्नारायण : पुरुष नहीं हूँ इसलिए होगा।

विजया : मगर तू तो कभी-कभी पुरुष से भी ज़्यादा पुरुष लगता है। इस दुनिया की जैसी भयावनी जानकारी मुझे तू देता है वैसी तो कोई पुरुष भी नहीं दे सकता। ऐसी बातें सुनकर कभी-कभी तुझ पर मुझे बहुत क्रोध आता है और साथ ही बहुत प्यार भी आता है।

प्रन्नारायण : यह सुनकर मैं अपने को धन्य मानता हूँ।

विजया : कितनी बार ऐसा होता है कि तेरी बातें पुरुषों जैसी होती हैं मगर आँखों से माँ का वात्सल्य झलकता है।

प्रन्नारायण : हर आदमी की अपनी-अपनी किस्म होती है। मेरी सब से भिन्न है।

विजया : तुझे ऐसा किसने बनाया?

प्रन्नारायण : यह बात मुझे खुद भी ठीक से पता नहीं। मगर सुना है कि जब मैं नन्हा शिशु था तभी इस पेशे के लिए मुझे चुन लिया गया था और उसी समय मेरा पुरुषत्व नष्ट कर दिया गया।

विजया : क्या?

प्रन्नारायण : राजदरबार का ऐसा ही विधान था।

विजया : उतने नन्हे बच्चे को... *(काँप उठती है)* प्रन्नारायण...

प्रन्नारायण : मुझे कुछ भी याद नहीं है। उस बात को स्मरण न करना ही अच्छा। मैं ऐसा ही हूँ, ऐसा ही रहूँगा। स्पर्श से पुरुष, दृष्टि से स्त्री। रक्त मांस का होते हुए भी सिर्फ़ एक छाया। वैसे इसके भी कुछ फायदे होते हैं। डाल से लटके हुए पिशाच को जैसे सारा संसार उलटा दिखायी देता है वैसा ही उलटा और सम्पूर्ण दर्शन दुनिया का मुझे भी होता रहता है। और आनन्द की बात यह है कि इस तरह उल्टी ओर से देखने पर इस संसार का यथार्थ और भी जल्दी नज़र आ जाता है। खैर छोड़िए इसे।

आप अपनी योजना के बारे में कुछ कह रही थीं?

विजया : इस योजना को मैं आज मन्त्रिमण्डल से मान्य करवाने जा रही हूँ।

प्रन्नारायण : थोड़ा दूध और लाऊँ?

विजया : क्यों? मुझे इतनी नासमझ और अज्ञानी समझता है तू?

प्रन्नारायण : ज्ञान प्रतिक्षण बढ़ने वाली और फिर भी सदा कम पड़ने वाली एक अनूठी चीज़ है, रानी सरकार।

विजया : यह योजना द्वीप में मेरी प्रतिष्ठा बढ़ायेगी। आज तक जो कुछ नहीं घटित हुआ उसे कर दिखाने का श्रेय मुझे मिलेगा। मेरी यह योजना सब को बता देगी कि मैं सिर्फ़ पापू की कन्या नहीं हूँ। मैं सिर्फ़ सत्ता पर स्थापित कोई गुड़िया नहीं हूँ। मैं सही अर्थों में आज के बाद से इस द्वीप पर राज्य करने वाली हूँ।

प्रन्नारायण : 'आज के बाद से' यह गूढ़ अज्ञात की यात्रा जैसा है विजयाराजे। उस यात्रा में क्या घटित होगा और उस यात्रा का गन्तव्य कब कहाँ आयेगा, अथवा आयेगा भी या नहीं, इस बात को विश्वास के साथ पहले से कैसे बताया जा सकता है?

विजया : मेरा आत्मविश्वास, मेरा मन गवाही दे रहा है।

प्रन्नारायण : मन की आवाज़ अक्सर गलत संकेत भी दे देती है।

विजया : तू कहना क्या चाहता है प्रन्नारायण? क्या मेरा संकल्प पूरा नहीं होगा?

प्रन्नारायण : हो जाने पर ही उसे पूरा हुआ समझें। यही वास्तविकता के अधिक निकट होगा।

विजया : प्रन्नारायण! मुझे तुझ पर क्रोध आ रहा है।

प्रन्नारायण : सजा दी जाये।

[विजया उसके बाल कसकर पकड़ती है। दोनों क्रमशः एक दूसरे को देखकर मुस्कराते हैं। दासी आती है]

दासी : मन्त्रिमण्डल का आगमन हो चुका है सरकार!

विजया : *(प्रन्नारायण को छोड़कर)* जा देख अब मेरा पराक्रम! *(दासी से)* दासी उन्हें अन्दर भेज दे!

[कर्कशीर्ष, व्रात्यसोम, पिष्टकेशी, भगदन्त और अरण्यकेतु प्रवेश करते हैं]

विजया : *(उन सब को नमस्कार करते हुए)* आइए कर्कशीर्ष, आइए व्रात्यसोम, पिष्टकेशी, भगदन्त। *(अरण्यकेतु से)* आइए, अरण्यकेतु आसन ग्रहण कीजिए। *(सब बैठते हैं)* कहिए कर्कशीर्ष! आपका रक्तचाप कैसा है? पिष्टकेशी काका! बचपन से मैं देखती आ रही हूँ कि आप जैसे थे आज तक वैसे ही हैं कुछ भी बदलाव नहीं हुआ। और ये भगदन्त। ये इधर कुछ दिनों से ज़्यादा बोलने लगे हैं न? नहीं तो जब देखो तब चुप। क्यों अरण्यकेतु? बहुत दिन के बाद आये मिलने के लिए। मैंने अपनी योजना की प्रतियाँ भेजी थीं, मिल गयीं न सबको? योजनाओं की सिलसिलेवार सूची मैंने तैयार की है।

[पिष्टकेशी को खाँसी। शेष सब चुप]

(पिष्टकेशी की खाँसी रुकने के बाद) सूची पढ़कर आपको योजना का अन्दाज़ हो गया होगा। वैसे आप चाहें तो यह सिलसिलेवार लिखा हुआ उसका तर्जुमा है। आप लोग देख सकते हैं।

[अरण्यकेतु के हाथ में कोई काग़ज़ देती है। यह काग़ज़ पाँचों मन्त्रियों के हाथ में घुमाया जाता है। पिष्टकेशी को दोबारा खाँसी का दौरा जो रुकने में ही नहीं आता। विजया उन्हें शरबत दिलवाती है। उसे पीने से पिष्टकेशी की खाँसी रुक जाती है। फिर सन्नाटा। सब लोग बिल्कुल चुप हैं]

तो इस योजना के बारे में बताने के लिए ही आप सब लोगों को मैंने बुलवाया था। अब आप लोग यह तो जान ही गये होंगे कि कदम्ब जाति के पुनर्वास के लिए...

[पिष्टकेशी खाँसने का पोज़ बनाते हैं। विजया खाँसी आ जाने के इन्तज़ार में रुक जाती है। लेकिन खाँसी आती ही नहीं]

पिष्टकेशी! आप अपनी खाँसी का कुछ इलाज कीजिए। हाँ तो कदम्ब जाति के लिए मैंने यह जो बनायी है...

व्रात्यसोम : क्या?

विजया : योजना! उसी के बारे में कह रही हूँ।

[व्रात्यसोम उठकर बाहर चले जाते हैं। विजया उन्हें देखती रहती है]

वह बाहर क्यों चले गये?

[पिष्टकेशी को फिर भयानक रूप से खाँसी का दौरा उठता है। बाकी सब लोग तरह-तरह के पोज़ बनाकर उनकी तरफ़ देखते रहते हैं। व्रात्यसोम वापस आते हैं]

व्रात्यसोम : क्षमा चाहता हूँ। कृपा करके शुरू से सब बताने का कष्ट करेंगी?

विजया : मैंने अभी कुछ खास बताया ही नहीं है। आपके हाथ में जो काग़ज़ दिया है वह कदम्ब जाति के पुनर्वास की वह योजना है जिसके बारे में मैं आपको बताना चाहती हूँ।

[भगदन्त खड़े होकर ऊपर-नीचे अगल-बगल सब तरफ़ जल्दी-जल्दी कुछ खोजने लगते हैं]

क्या ढूँढ़ रहे हैं भगदन्त?

भगदन्त : *(मुस्कराकर)* योजना!

विजया : यह क्या कर्कशीर्ष के हाथ में तो है।

कर्कशीर्ष : तो मैं कब इस बात से इनकार करता हूँ!

विजया : हाँ तो मेरा यह कहना है कि यह लोग, द्वीप के ये आदिवासी यहाँ की मूल जाति...

व्रात्यसोम : कौन जाति?

विजया : कदम्ब जाति। उसी के बारे में इस समय हम लोग बात कर रहे हैं।

व्रात्यसोम : ओऽऽ। मैं समझा, छछूंदर की बात आप कर रही हैं।

[अरण्यकेतु की तरफ़ देखते हैं]

विजया : छछूंदर? छछूंदर से इससे क्या मतलब?

व्रात्यसोम : नहीं, मेरा मतलब कि वह यहाँ की मूल निवासी...यानी कि कदम्ब जाति के भी पहले से, सुना है, द्वीप में रहते थे।

विजया : मैं आदमी की बात कर रही हूँ।

कर्कशीर्ष : तो कृपा करके आप कदम्ब जाति का उल्लेख न करें।

विजया : क्यों मगर?

कर्कशीर्ष : क्योंकि वह आदमी नहीं राजद्रोही है।

विजया : मुझे लगता है कि यह विधान बहुत ही अजब हुआ जा रहा है। एक तो यही कि राजद्रोही आदमी नहीं होते...

[पिष्टकेशी को नये सिरे से खाँसी का दौरा]

यह बात सच्चाई पर आधारित नहीं है। दूसरे इस तरह पूरे कबीले को राजद्रोही मान लेना, यह तो और भी...

व्रात्यसोम : *(पिष्टकेशी से)* गहरी साँस लीजिए ठीक हो जायेगी। लीजिए, लीजिए, गहरी साँस लीजिए। लीजिए मैं कहता हूँ!

[पिष्टकेशी की आती हुई खाँसी रुक जाती है]

सभा में आते समय दो लौंग जेब में डाल लिया कीजिए। आश्चर्य है। आप यह सब बातें भूल कैसे जाते हैं?

पिष्टकेशी : मगर उस समय खाँसी नहीं थी।

व्रात्यसोम : *(विजया से)* क्षमा करें। आप अपनी बात चलाती रहें। *(पिष्टकेशी से)* खाँसी आने तक लौंग का इस्तेमाल रोके रहना ही आपके भीतर सहज बुद्धि की कमी ज़ाहिर करता है।

[भगदन्त न जाने कहाँ से खोजकर एक लौंग पिष्टकेशी को देते हैं]

देखा? यह सहज बुद्धि की सफाई और प्रखरता है। यानी लौंग अपने पास मौजूद है जबकि खाँसी नहीं है...ज़रा गौर कीजिए *(यह बात विजया से)*...

विजया : *(बेमन से)* हाँ ठीक कहा। ...हाँ तो मैं अभी कुछ दिन पहले जब दौरे पर गयी तब मुझे इस जाति की दशा को नज़दीक से देखने का मौक़ा मिला...

व्रात्यसोम : किसकी दशा?

विजया : कदम्ब जाति के बारे में मैं बात कर रही हूँ।

व्रात्यसोम : *(भगदन्त से)* मैंने अभी छछूंदर के बारे में कुछ कहा था क्या?

विजया : कहा होगा? इस समय मैं सिर्फ़ कदम्ब जाति के लोगों के बारे में बात करना चाहती हूँ व्रात्यसोम!

कर्कशीर्ष : मैं यानी आप न? क्योंकि जहाँ तक मेरा सवाल है मैं उस जाति का ज़िक्र भी अपनी बातचीत में पसन्द नहीं करूँगा। महा सड़े हुए गलीज़ लोग!

विजया : साफ़ रहने के लिए भी तो सुविधाएँ चाहिए। उस जाति की पूरी बस्ती में शायद आपको एक भी संडास नहीं मिलेगा। आप कभी यह सोच भी सकते हैं?

पिष्टकेशी : मन्त्री होने से पहले मैं उसी बस्ती में रहता था। तीन-चार घर के बाद शायद एक संडास वहाँ होगा। कहीं-कहीं तो पूरी बस्ती बिना संडास के...

व्रात्यसोम : संडास सांस्कृतिक प्रगति के साथ आने वाली एक विलास की वस्तु है। हमारे गाँव में आज भी लोग बिना संडास के रहते हैं। आप देखना चाहें तो चलिए आपको मैं दिखलाऊँ कि आज कितने बरसों से बिना संडास के लोग रह रहे हैं। मगर तो भी राजद्रोह की कहीं कोई भी घटना सुनने में नहीं आयी। मैं भी उसी गाँव से आया हूँ और मेरा आचरण जैसा रहा है उसे कहते हैं राज्यनिष्ठ! समझे कर्कशीर्ष?

कर्कशीर्ष : व्रात्यसोम! राज्यनिष्ठा और संडास में आपस में कोई मेल नहीं है।

विजया : अच्छा छोड़िए उसे! हमारा वह विषय भी नहीं है। मैं तो कदम्ब जाति की स्थिति के बारे में अभी बात कर रही थी।

कर्कशीर्ष : यानी कि आप बात कर रही थीं न?

[पिष्टकेशी नाक-मुँह को रूमाल से दबाकर खाँसी रोकने की कोशिश में है]

पिष्टकेशी! खाँसी फिर आ रही है न?

पिष्टकेशी : कौन कहता है?

विजया : आप लोग अब ज़रा ध्यान देकर मेरी बात सुनिए। कदम्ब जाति की यह दशा कैसे हुई इस बात की तह में जाने से अब कोई फायदा नहीं है। उसका क्या कारण था सिर्फ़ इस पर...

भगदन्त : *(मुस्कराकर अरण्यकेतु से)* विचित्रवीर्य महाराज के कारण!

अरण्यकेतु : उस बात को बार-बार रटने से कोई फायदा नहीं है भगदन्त! आगे चलिए।

विजया : मगर उस जाति की दशा देखकर मुझे बहुत दुख हुआ। मुझे लगा कि इनको सुखी करने के लिए तुरन्त कुछ-न-कुछ करना चाहिए...कोई उपाय...कोई योजना...

[पिष्टकेशी को खाँसी]

(ज़रा क्रोध में) पिष्टकेशी! खाँसी रुकने तक आप चाहें तो बाहर जा सकते हैं।

[पिष्टकेशी खाँसते-खाँसते उठकर बाहर चले जाते हैं।]

कर्कशीर्ष : खाँसी को मैं एक प्राकृतिक प्रवृत्ति मानता हूँ जो मानवीय नियन्त्रण के बाहर है।

विजया : *(आपे से बाहर होकर)* होगा! मैं इनकार नहीं करती मगर कृपा करके आप ज़रा देर चुप बैठें।

व्रात्यसोम : *(खड़े होकर)* यह हुक्म तानाशाही में आता है। कम-से-कम मैं इस तरह सब कुछ जान-समझकर चुप नहीं बैठ सकता। मन्त्रियों से इस तरह 'चुप बैठिए' कहना भाषण स्वातन्त्र्य पर एक गहरा तमाचा है। यह हम पर आने वाले भयंकर ख़तरे की सूचना देता है। क्यों अरण्यकेतु, क्यों पिष्टकेशी?

पिष्टकेशी : *(खड़े-खड़े ही। मुँह पर रूमाल अभी भी है)* यह हुक्म प्रजातन्त्र की हत्या करता है।

भगदन्त : *(खड़े-खड़े मुस्कराते हुए सबको सम्बोधन करके)* बाहर निकला जाये?

विजया : देखिए आप लोग यह बड़ी भारी मूर्खता कर रहे हैं।

व्रात्यसोम : हः हः। मूर्खता। अब तो यह मन्त्रिमण्डल की सीधे-सीधे बदनामी ही हो गयी। राम राम राम। अब तो सहन शक्ति की परीक्षा की हद हो गयी।

विजया : देखिए मन्त्रिमण्डल का अपमान करने का मेरा बिल्कुल ही इरादा नहीं था...

व्रात्यसोम : छोड़िए अब। ऊपर से लीपा-पोती करने की ज़रूरत नहीं है।

कर्कशीर्ष : अपमान तो अपमान!

पिष्टकेशी : मगर आज तो हद ही हो गयी।

व्रात्यसोम : कुछ नहीं जी! कर्कशीर्ष! इस बेइज़्ज़ती का दाग धोने का अब एक ही उपाय रह गया है...

पिष्टकेशी : त्याग-पत्र।

कर्कशीर्ष : मैं सबसे पहले दूँगा।

व्रात्यसोम : मेरा दूसरा समझिए।

पिष्टकेशी : मेरा तो है ही। आपका अरण्यकेतु?

अरण्यकेतु : *(ज़रा चक्कर में पड़ते हैं)* आप सबसे अलग थोड़े ही हूँ।

भगदन्त : *(मुस्कराते हुए)* देना है? त्यागपत्र?

विजया : *(इस सारे खड़मण्डल में कुछ पूर्व योजना का आभास पाकर नाटकीय स्वर में)* मेरे हाथ से मन्त्रिमण्डल का अगर अनजाने में अपमान हो गया हो तो उसके लिए मैं अफसोस प्रदर्शित करने को तैयार हूँ। *(सब लोग तुरन्त फिर से चुपचाप बैठ जाते हैं।)* यह योजना बड़ी महत्त्वपूर्ण है। महत्त्वपूर्ण मैं नहीं यह योजना ही है। इसकी ओर देखिए! इसका मंजूर हो जाना महत्त्वपूर्ण है। मन्त्रिमण्डल इस योजना पर मुझसे सहमत होगा इसका मुझे पूरा विश्वास है।

कर्क. व्रात्य.

पिष्टकेशी : *(बनावटीपन से)* नहीं।

विजया : मगर द्वीप की हर तरह की प्रगति के लिए तथा द्वीप की अन्तरराष्ट्रीय ख्याति को बढ़ाने के लिए यह ज़रूरी है कि आप सब लोग मेरे साथ मिलकर इसमें जुट जायें। कदम्ब जाति पर सैकड़ों बरस से जो ज़ुल्म होते आये हैं उन्हें ख़त्म करना एक ऐतिहासिक ज़रूरत है...

कर्क. व्रात्य.

पिष्टकेशी : **[एक दूसरे को ऐसे चेहरे बनाकर देखते हैं मानो वे लोग कुछ जानते नहीं हैं।]**

विजया : इतनी साधारण-सी बात क्या आप लोगों की समझ में

नहीं आती? इस कबीले पर बरसों से हो रहे ये ज़ुल्म पूरी मानव जाति पर और द्वीप की परम्परा पर एक भयानक लांछन हैं!

कर्कशीर्ष : मौजूदा सत्ता के विरुद्ध किये गये विद्रोह के लिए कोई क्षमा नहीं होती। मुझे बन्दूक मिल जाये तो इस सारे कबीले का ही मैं सफ़ाया कर दूँ व्रात्यसोम।

विजया : आप कैसे यह बात कह रहे हैं कर्कशीर्ष! मुझे तो यह सुनकर ही अजब लगा। उनके वे कमज़ोर शरीर, उदास मगर स्वाभिमान से भरे चेहरे, दुख से जर्जर होने पर भी उनके कसे हुए होंठ, पीठ से सटे खाली पेट...हड्डी के ढाँचे...

व्रात्यसोम : हः हः। यह तो मामूली दयावाली बात हुई। मेरा तो इस पर भी कोई विश्वास नहीं है। एक ऐसी जाति जिसका द्वीप के उत्थान में कहीं कोई भी योगदान नहीं है, उसको द्वीप से मिट जाने में कोई हर्ज नहीं। उनका नष्ट हो जाना ही अच्छा है। बाकी बचे हुए प्रतिष्ठित लोग आराम और सुख-सुविधा से रहें इस पर ध्यान दीजिए। उस प्रतिष्ठित समाज के कल्याण का विचार शुरू कीजिए। इस समाज में अधिक से अधिक नयापन कैसे लाया जाये इस पर विचार कीजिए। संसार के अन्य देशों की टक्कर पर उनका जीवन स्तर कैसे बनाया जाये यह देखिए। नष्ट हो रही जमात को नष्ट होने दीजिए।

[पिष्टकेशी, कर्कशीर्ष ताली बजाते हैं]

विजया : *(बात सहनशीलता से बाहर हो गयी)* आपका अपना अलग दृष्टिकोण हो सकता है। मेरा अलग है। मगर मेरी इस योजना को मन्त्रिमण्डल की रजामन्दी मिलनी ही चाहिए। इस योजना का मेरी दृष्टि में बहुत महत्त्व है। इसके मूल में मेरा वह वचन है जो मैंने उन लोगों को दिया है। मेरे...मेरे पिता के समय से...महाराज के समय से उन पर जो घोर अन्याय होता रहा है हमें उसका परिमार्जन करना ही है। अपनी बेचैनी से मुझे मुक्त होना ही होगा। मैंने बहुत विचार किया है जिसके फलस्वरूप

यह योजना आज आपके सामने है। इस योजना के साथ मेरी प्रतिष्ठा जुड़ी है। इसलिए मेरी हार्दिक इच्छा है कि आप लोग इसे मान्यता दें। मुझे पूरी आशा है कि मन्त्रिमण्डल मेरी बात से ज़रूर सहमत होगा।

[सब गुमसुम। सिर्फ़ अरण्यकेतु ज़रा विचलित है]

इस योजना को अगर आपकी स्वीकृति नहीं मिलेगी तो मैं इसे अपनी प्रतिष्ठा पर की गयी एक चुनौती समझूँगी। यह एक तरह से राजसत्ता का भारी अपमान भी माना जा सकता है और अगर ऐसा हुआ तो इसके बहुत बुरे नतीज़े होंगे, इस बात को आप न भूलें। इसलिए मैं ऐसा समझती हूँ कि यह योजना आप सबके द्वारा ज़रूर ही मंजूर कर दी जायेगी।

[स्फोटक स्तब्धता। सारे लोग घनघोर रूप से चुप हैं। सिर्फ़ अरण्यकेतु बेचैन नज़र आते हैं। कुछ देर बाद खुस-फुसाकर अन्य लोगों से कुछ कहते हैं]

योजना पर मन्त्रिमण्डल के हस्ताक्षर होते ही तुरन्त उसे अमल में लाने की मेरी इच्छा है। आप लोग शुरू कीजिए लेखनी इधर रखी है।

[सब निश्चल। अरण्यकेतु असमंजस में। भगदन्त हमेशा की तरह मुस्कराते हैं। फिर सब एकाएक उठकर खड़े हो जाते हैं और विजया को अभिवादन कर बाहर चले जाते हैं। सब से अन्त में अरण्यकेतु जाते हैं। उनके जाते ही क्रोध के अतिरेक में विजया सामने रखा चषक फोड़ती है।]

विजया : *(तिलमिलाई हुई)* हरामी, नीच, मूर्ख, कमीने, कोढ़ी कुत्ते, कीड़े नाली के! सालो! एक जाति मर रही है, तबाह हो रही है, ज़रा भी इन्सानियत नहीं है। मरती है तो मरने दूँ। हरामज़ादे कहीं के! इनके बाप की जायदाद है जैसे *(उस दिशा में थूकती है जिधर वह सब गये हैं। फिर भी क्रोध शान्त नहीं होता। क्रोध से बहुत ज़्यादा तिलमिलाकर)* सूअर के पिल्ले, स्वार्थी कौवे, कुत्ते *(सन्ताप के आवेग में बड़बड़ाती ही रहती है।)*

[प्रन्नारायण आता है। आकर खड़ा रहता है।]

प्रन्नारायण : मुझे पुकारा?

विजया : *(पीठ फेरे हुए)* नहीं।

प्रन्नारायण : *(मूड को पहचानकर)* सजा दें।

विजया : क्यों ऐसे दुष्ट, नीच, हरामी होते हैं लोग? क्यों इतने पाजी, नालायक होते हैं? क्यों इतने कमीने होते हैं? बोल, क्यों?

प्रन्नारायण : होते हैं इसलिए!

विजया : क्यों होते हैं मगर?

प्रन्नारायण : क्योंकि वह आदमी है इसलिए।

विजया : यह सब बहुत घिनौना है। गलिच्छ है।

प्रन्नारायण : यह है।

विजया : इसे दुनिया से मिटा देना चाहिए प्रन्नारायण! मेरा रक्त खौल रहा है।

प्रन्नारायण : अहंकार की ज्वाला सुलग जाने पर रक्त खौलता है।

विजया : अहंकार क्या?

प्रन्नारायण : जो सब में होता है और जो हर व्यक्ति को चोट भी पहुँचाता है। यही अहंकार जब कभी दुख जाता है तो मनुष्य और राष्ट्र बनते-बिगड़ते हैं।

विजया : *(क्रोध में ही)* मेरा उद्देश्य साफ़ है। द्वीप के उपेक्षित लोगों को मुझे प्रतिष्ठित करना है।

प्रन्नारायण : उस बहाने अपने आपको प्रतिष्ठित करने का उद्‌देश्य भी इसमें हो सकता है। द्वीप में आपका स्थान ऊँचा करने का विशुद्ध उद्देश्य भी इसके पीछे छुपा हो सकता है...

[विजया फिर आवेश से कुढ़ने लगती है]

प्रन्नारायण : सही अर्थों में निरंकुश राज्य करने की महत्वाकांक्षा...

विजया : प्रन्नारायण! इस बात का उच्चारण करते समय तूने पूरी तरह विचार कर लिया है न?

प्रन्नारायण : नहीं, सिर्फ़ स्मरण किया है। शब्द आपके और विशेषण अगर कोई हो तो मेरे। आपने ही कुछ समय पहले मुझसे बात करते समय कहा था कि आज तक जो नहीं घटित

हुआ ऐसा कुछ कर दिखाने का श्रेय आपको चाहिए। आप सिर्फ़ महाराज की कन्या नहीं हैं, सत्ता पर स्थापित कोई गुड़िया नहीं हैं। इस बात को आपको साबित कर देना है आपने कहा था कि इसके आगे से आप सही अर्थों में राज्य करने वाली हैं।

विजया : *(स्मरण करके)* तो भी इस योजना के पीछे मेरा उद्देश्य स्वार्थ भरा नहीं है।

प्रन्नारायण : मैं भी मन्त्री नहीं हूँ। मुझे समझाने से कोई लाभ नहीं, इस आशय से कहता हूँ कि आप अब शान्त हो जायें।

विजया : अभी तक चोट की तीव्रता कम नहीं हो रही है।

प्रन्नारायण : भीतर से चोट खा गया है...अहंकार।

विजया : मैं बदला लूँगी, प्रन्नारायण।

प्रन्नारायण : *(शरबत का चषक सामने करके)* पहले इसे लें। ख़स का शीतल पेय। भड़कती हुई ऊष्मा पर ठण्डा छिड़काव!

विजया : *(अभी बेचैन है)* प्रन्नारायण! आदमी इतने नीच कैसे होते हैं?

प्रन्नारायण : जैसे आदमी महत्वाकांक्षी होते हैं वैसे ही। जैसे मैं ऐसा हूँ वैसे ही। किसी अदृश्य शक्ति के न्याय के कारण या शायद उसके भी परे किसी शक्ति से...

विजया : मेरे भीतर कुछ बदल रहा है प्रन्नारायण! मुझे अपने से ही डर लगने लगा है।

प्रन्नारायण : बाहर से भीतर की तरफ़ ज़्यादा न देखें। हमेशा अन्दर से बाहर देखें। उससे ही महत्वाकांक्षा टिकती है।

[विजया उसके बाल कसकर पकड़ती है। खूँखार नज़र से उसकी तरफ़ देखती है। देखती रहती है। फिर उसके चेहरे पर मुस्कराहट उभरती है। सब कुछ समझ पाने की मुस्कराहट। अन्धकार।]

(परदा गिरता है।)

तीसरा अंक

पहला दृश्य

कलमधारी : *(दोनों मिलकर) गम्भीर पेंच प्रसंग / गम्भीर पेंच प्रसंग*
रानी मन्त्रिमण्डल में मुक़ाबले का आरम्भ!

कलमधारी : *(एक) पहली फेरी / पहली फेरी*
कदम्ब पुनर्वसन योजना को / मन्त्रिमण्डल ने नकारा
परिणाम गम्भीर होंगे / रानी का गर्वित इशारा
मन्त्रिमण्डल की बैठक में / भारी थी हलचल
ब्योरे सब गुपचुप / निरीक्षकों में खलबल
समझौते की बात / रानी को अस्वीकार
अब तो करना ही है / मुक़ाबला अंगीकार
वातावरण गम्भीर / अपमानित की योज़ना
हमारी भूमिका निश्चित / मन्त्रिमण्डल की घोषणा
कौन शक्ति में बढ़कर / यही पेंच का मुद्दा
निर्णय इस पर निर्भर / है टेढ़ा कौन ज़्यादा
हर दृष्टि इस मुक़ाबले पर टिकी
हर नज़र इस मुक़ाबले पर रुकी!
अभूतपूर्व स्पर्धा / ऐतिहासिक स्पर्धा
एक ओर लोक प्रमुख / दूजी ओर राजे प्रमुख
पेंज प्रसंग घटनात्मक / हम सब के मन ये है दुःख
दुर्भाग्यपूर्ण घटना / एक में विघटन
संकट के बादल / चिन्तित हैं सब जन

दोनों : *(मिलकर) गम्भीर पेंच प्रसंग / गम्भीर पेंच प्रसंग*
रानी मन्त्रिमण्डल में मुक़ाबले का आरम्भ

कलमधारी : *(एक) पहली फेरी / पहली फेरी*
मान्यता नकार-कर / योजना ठुकराई
योजना ठुकराकर / मान्यता नकारी
कौन जीता / कौन छींका
कौन चढ़ा / कौन गिरा
कौन हटा / कौन बढ़ा
कौन डिगा / कौन बिका
कौन थका / कौन रुका
प्रतिष्ठा को ख़तरा / प्रतिभा को धक्का
यह उल्लेखनीय / वह लक्षणीय
यह भक्षणीय / वह चिन्तनीय
ये परदे के पीछे वाले / वे जाजिम के नीचे वाले
ये मक्खन के पीपे वाले / वे कीचड़ के छींटे वाले
इन पर सब कुछ अटक गया / उन पर सब कुछ लटक गया
नज़र सब पर रखना होगा / चौकस हर क्षण रहना होगा।

कलमधारी : *(दोनों साथ-साथ) उंह छोड़ो!*
शेष अगले अंक में / अभी इतना ही
गम्भीर पेंच प्रसंग / गम्भीर पेंच प्रसंग
रानी मन्त्रिमण्डल में मुक़ाबले का आरम्भ

[ढोल बजने लगता है। मन्त्री और रानी का स्वाँग भरे चेहरों में अलग-अलग मार्च। दोनों एक-दूसरे के सामने नहीं आते। नेपथ्य में बारी-बारी से दोनों की जय-जयकार सब एक-एक कर अन्दर चले जाते हैं।]

कलमधारी : *गम्भीर पेंच प्रसंग / गम्भीर पेंच प्रसंग*
मुक़ाबले की पहली फेरी के बाद
स्थिति बिगड़ी / रानी का बटुवा
मन्त्रिमण्डल की खिचड़ी / रानी की अर्थ भरी विश्रान्ति
मन्त्रिमण्डल की गोपनीय यात्रा
रानी की केश रचना में नयी लट
मन्त्रिमण्डल के मुख पर उदासी की झलक
कर्कशीर्ष हुए भयंकर गुमसुम
पिष्टकेशी के भोजन में बढ़ता हुआ लहसुन

व्रात्यसोम ने केशकर्त्तन कराये
अरण्यकेतु भगदन्त को मिलने आये
पत्रकारों की सलाह से रानी को इनकार
अगले मास प्रवक्ताओं के महत्त्वपूर्ण उद्‌गार
पहली फेरी में रानी की हार
पहली फेरी में मन्त्रियों की जीत
पहली फेरी में पंचभाई की विजय
पहली फेरी में रानी की पराजय
वैसे अपना तो मत स्पष्ट है
अपना मत तो वैसे स्पष्ट है
जो है वह अपरिहार्य है
जो है वह अनिवार्य है
यह एक इतिहास-सिद्ध यथार्थ है
यह एक त्रिकाल बाधित सत्य है

कलमधारी : *(दोनों मिलकर) अर्थात् राजनीति अतर्क्य है।*
फिलहाल इतना ही, शेष अगले भाग में
मुक़ाबले के हुकुमी पत्ते मन्त्रियों के हाथ में!

[दोनों अन्दर चले जाते हैं।]

दूसरा दृश्य

[पीछे वाला परदा उठता है। सभाकक्ष में सारे मन्त्रीगण एकत्रित हैं। रंगीन गुब्बारे तथा झालर झंडियों से कक्ष सजा हुआ है। मन्त्रियों की पोशाकें रंगबिरंगी हैं तथा सिर पर तरह-तरह की टोपियाँ हैं]

व्रात्यसोम : *(उत्साह में)* साथियो! आज मेरी यह मात्र बासठवीं सालगिरह के उत्सव में आप सब यहाँ एकत्रित हुए हैं। हम में आपस में चाहे कितना ही विरोध क्यों न हो, किन्तु आज अपने समान शत्रु के सामने हम सब एक हैं। हमें बड़ी खुशी है कि इस बात को हमने अब सारे संसार के

आगे भी सिद्ध कर दिया है। मैंने जिस समान शत्रु का उल्लेख किया उसे आप लोग गलत अर्थ में न लें। कोई गलतफ़हमी मन में न पालें। आपको अच्छी तरह मालूम होना चाहिए कि यह हमारा शत्रु सिर्फ़ हमारा ही शत्रु नहीं बल्कि पूरे दम्भद्वीप का शत्रु है। हमारी लोकशाही का शत्रु है। और इस शत्रु का नाम है 'हुकुमशाही' प्रवृत्ति। हमारा मोर्चा किसी आदमी के विरोध में नहीं बल्कि प्रवृत्ति के विरोध में है। मानव जाति के लिए तो हमारे मन में सिर्फ़ प्यार है।

पिष्टकेशी : बिल्कुल।

व्रात्यसोम : पिष्टकेशी! कृपया आज के दिन कम से कम बिना पूछे बीच में न बोलिए। मैं आज एक स्वच्छन्द भाषण देने की इच्छा से यहाँ आया हूँ। मैं आज बहुत रसगुल्ला खाकर आने के बावजूद भी बहुत देर तक भाषण दे सकता हूँ। आप लोग कृपा करके बीच-बीच में न बोलें। तो जहाँ तक रानी विजयाराजे का प्रश्न है वह अभी मेरे सामने एकदम नासमझ बच्ची है। मेरे लिए तो अभी भी वह विजू ही है। अभी उसकी उम्र ही क्या है? वह मेरी बेटी की तरह है। एक खास परिस्थिति में हमने उसे सिंहासन पर बिठा दिया था। मगर यह अधिकार देने के लिए नहीं बिठाया था कि वह सिंहासन की मर्यादाएँ ही तोड़ने लगे। उसके आचरण से जब सिंहासन की प्रतिष्ठा को ख़तरा पैदा हो गया तब मैंने उसकी मूर्खताओं को...। अरण्यकेतु! शब्द पर न जाइए। उसकी उन मूर्खताओं के कारण उसका विरोध किया और उसे मन्त्रिमण्डल की शक्ति की सही जानकारी देने के लिए मजबूर हो गया। और आप लोग देख ही रहे हैं कि हमारा यह उपचार कितना अचूक उतरा है। उसके हर आचरण से यह साबित हो रहा है। बल्कि इसे यों कहिए कि उसकी इस चुप्पी से यह साफ़ ज़ाहिर होने लगा है कि हमारा उपचार उस पर एकदम सही उतरा है। इसका एक सबूत यह कि आज ही सुबह उसने मेरी सालगिरह पर दूत

भेजकर मेरा अभिनन्दन किया। सच कहता हूँ आप सब को यह बात बताते हुए मुझे अपार हर्ष हो रहा है।

पिष्टकेशी : मैं सच कहता हूँ, झूठ नहीं कि कल ही उसने मेरे पास ताजे फलों से भरा हुआ एक टोकरा भिजवाया है। आपका क्या अनुभव रहा अरण्यकेतु?

अरण्यकेतु : मैं तो ख़ुद ही ज़रा रानी के महल की तरफ़ यों ही हवा का रुख जानने के लिए टहलता हुआ चला गया था और अफ़सोस के साथ कहना पड़ता है, पिष्टकेशी, कि मैंने उनके चेहरे पर विषाद की छाया स्पष्ट रूप से देखी। सचमुच जो कुछ हुआ अच्छा नहीं हुआ।

व्रात्यसोम : बड़े मज़े की बात तो यह हुई कि हमने बड़ी खूबसूरती और सफलता के साथ अपने मन्त्रिमण्डल की अपूर्व शक्ति सबके सामने सिद्ध कर दी। गुजरे हुए सत्तर बरसों में पहली ही बार हमको यह सिद्ध करने का मौक़ा मिल पाया। महाराज विचित्रवीर्य और उनकी अपरम्पार लोकप्रियता के कारण हमें कभी यह सिद्ध करने का अवसर ही नहीं मिल पाया था। मगर अवसर मिलते ही हमने संसार को अपनी यह शक्ति दिखा दी कि समय पड़ने पर हम क्या नहीं कर सकते। ख़ैर छोड़िए। *(जेब से एक मुड़ा हुआ काग़ज़ निकालकर उसको खोलकर सबको दिखाते हुए)* यह देखिए। जापान के 'रामागोटामारु' नाम के अख़बार में छापा गया यह मेरा प्रशस्ति पत्र है। यह इस बात का सबूत है कि सारे संसार ने हमारी इस अद्‌भुत सफलता की कितनी अधिक सराहना की है।

अरण्यकेतु : इसे क्या पैसा देकर छपवाया है?

व्रात्यसोम : यह कहते हुए मुझे हर्ष हो रहा है कि यह समाचार मेरे लिए भी एक आश्चर्यजनक खोज है।

कर्कशीर्ष : हः। माफ़ कीजिए व्रात्यसोम। मगर आप अपनी सालगिरह का फ़ायदा उठाकर हमारे ऊपर जबरदस्ती का रोब डालने की कोशिश कर रहे हैं। हम इस बात को बर्दाश्त नहीं करेंगे। कृपा करके अपने आपको द्वीप का राजा न मानें। आप महाराज नहीं हैं।

अरण्यकेतु : मैं आपकी बात से सहमत हूँ।

व्रात्यसोम : ठीक है, मैं मन्त्रिमण्डल की एकता का आदर करते हुए अपनी बात वापस लेता हूँ।

[एकाएक बड़े जोश में एक अंग्रेज़ी गाना गाने लगते हैं। गाना गाकर गर्वीली मुद्रा में नीचे बैठ जाते हैं]

पिष्टकेशी : आपके इस गीत पर मुझे भी एक घटना याद आ रही है। मैं व्रात्यसोम की तरह बेमतलब समय बरबाद नहीं करता। मैं उनकी सालगिरह के अवसर पर इसी समय उसे पेश करता हूँ। *(एक किसी अफ्रीकी गीत की आधी पंक्ति गाकर एकाएक रुक जाते हैं)* पिछले बरस जब मैं अफ्रीका के दौरे पर गया था कर्कशीर्ष! तब की यह बात है। वहीं मैंने यह मज़ेदार खेल सीखा था। वहाँ पर लड़ाई में जीते हुए लोग मरे हुए सिपाहियों की खोपड़ियाँ भाले में टाँग कर उसे नचाते हुए एक खास तरह का गीत गाते थे और साथ में नाचते भी थे। यह वही गीत है। वैसे नाचते हुए गाने में इसका और ही मज़ा है।

व्रात्यसोम : तो चलिए हम लोग भी नाचें।

कर्कशीर्ष : माफ़ कीजिए, मेरा शरीर इस लायक नहीं है।

पिष्टकेशी : फिर भी एक बार इसका मज़ा तो उठाना ही चाहिए। चलिए अरण्यकेतु।

अरण्यकेतु : मुझे नाचने की आदत नहीं है।

व्रात्यसोम : कोई बात नहीं! हाँ, आप करके दिखाइये पिष्टकेशी। *(पिष्टकेशी करके दिखाते हैं। सब व्रात्यसोम की ज़िद पर अफ्रीकी गाना गाते हुए नाचने लगते हैं)*

व्रात्यसोम : रुकिए।

[कर्कशीर्ष की छड़ी लेकर उसके सिरे पर पिष्टकेशी का दुशाला लपेट कर]

हाँ, यह रही खोपड़ी। अब हो जाए शुरू!

[सारे लोग छड़ी पर नकली खोपड़ी लेकर नाचना शुरू कर देते हैं। नाच ख़ूब ज़ोर-शोर से होता रहता है तभी प्रन्नारायण आता है]

भगदन्त : *(बीच में अन्य लोगों को प्रन्नारायण के आगमन का इशारा करके)* दूत!

व्रात्यसोम : ठहरो ज़रा देर। हाँ नाचिए।

कर्कशीर्ष : *(नाच रोककर, अभिवादन करते हुए प्रन्नारायण का अभिवादन स्वीकार कर)* हाँ बोलो।

प्रन्नारायण : रानी सरकार का खरीता है।

पिष्टकेशी : रानी सरकार कुशल से तो हैं न?

प्रन्नारायण : आपकी कृपा है। *(व्रात्यसोम के आगे झुककर)* आपके जन्मदिन पर दास की शुभकामना!

व्रात्यसोम : *(उसे स्वीकार कर)* आभार, आभार। कर्कशीर्ष खोलिए खरीता। क्या कहती हैं विजू! *(ताली बजाते हैं। सेवक आता है। सेवक से आदेश के स्वर में)* प्रतिहारी को मेरे जन्मदिन का उपहार भेंट लाकर दो। *(सेवक जाता है। खरीता खोलकर पढ़ रहे कर्कशीर्ष का चेहरा एकदम सन्न)*

कर्कशीर्ष : *(होंठ चबाकर)* अच्छा!

अरण्यकेतु : क्या है खरीते में कर्कशीर्ष?

पिष्टकेशी : मन्त्रिमण्डल की नयी बैठक का बुलावा?

व्रात्यसोम : या कि फिर कोई नयी योजना?

कर्कशीर्ष : *(खरीता पढ़ते हुए)* भयंकर!

व्रात्यसोम : क्या भयंकर? *(खरीता उनके हाथ से ले लेते हैं। पढ़कर हैरान होते हैं)* अच्छा...

पिष्टकेशी : क्या हुआ? अच्छा क्या? *(खरीता लेकर पढ़ते हैं। पढ़कर हाथ मलते हुए)* यानी कि फिर नये सिरे से झगड़े की शुरुआत! अब यह नयी खुराफ़ात। *(अरण्यकेतु को खरीता दे देते हैं)*

अरण्यकेतु : *(पढ़कर)* बाप रे! यह तो कभी सोचा भी नहीं जा सकता था। *(भगदन्त को देते हैं)*

भगदन्त : *(देखकर वापस करते हुए सस्मित)* पढ़ना कहाँ आता है? निरक्षर!

पिष्टकेशी : मन्त्रिमण्डल की मंजूरी का इन्तज़ार किये बिना अपने मनमानी अधिकार से कदम्ब जाति के पुनर्वास की योजना अमल में लाने जा रही है। मन्त्रिमण्डल की यह सरेआम बेइज़्ज़ती है! यह अपमान है हम लोगों का...

व्रात्यसोम : हम मन्त्री जैसे आदमी नहीं पुतले हैं मिट्टी के!

कर्कशीर्ष : इस तरह की आज्ञा तो भगवान भी दे तो हम नहीं मान सकते। हम यह ज़्यादती बर्दाश्त नहीं करेंगे। यह असम्भव है।

पिष्टकेशी : अब झगड़ा अटल है। हम उसको मज़ा चखा कर रहेंगे।

भगदन्त : *(उठकर)* इस्तीफा!

व्रात्यसोम : नहीं। मुक़ाबला! अब यह होना ही है।

पिष्टकेशी : हाँ करना ही होगा।

व्रात्यसोम : अरण्यकेतु! भगदन्त! पीछे हटने से अब काम नहीं चलेगा। यह हमारे लिए भयंकर चुनौती है। हमें इससे पीछे नहीं हटना है। हुँ। यह कल की छोकरी हम जैसे धुरन्धर लोगों को सिखाने चली है। राज्य के अनुभवी बुजुर्गों को राजनीति का ककहरा बताने चली है। इसे सर उठाने का मौक़ा भी हमें नहीं देना है।

कर्कशीर्ष : आप ठीक कहते हैं। वह एक बार घुस जायेगी तो हमारे सिर पर चढ़कर बैठ जायेगी।

पिष्टकेशी : इस बखेड़े को जड़ से ही साफ़ कर देना चाहिए।

व्रात्यसोम : ठीक है, करिए शुरू!

कर्कशीर्ष : प्रतिहारी, अभी फौरन जाकर रानी से कहो कि...

प्रन्नारायण : *(झुककर)* क्षमा प्रदान की जाये, रानी खरीता देकर तुरन्त शयनागार में चली गयीं हैं। इस समय तक उन्हें गहरी निद्रा भी आ गयी होगी। रानी सरकार इस समय शयन कर रही हैं।

पिष्टकेशी : शयन कर रही हैं?

प्रन्नारायण : राजाज्ञा को उन्होंने उसी क्षण जारी भी कर दिया है। सारे द्वीप में अब तक उस पर अमल भी होने लगा होगा।

अरण्यकेतु : अमल होने लगा होगा?

प्रन्नारायण : जी सरकार। कल ही उस पर अमल शुरू हो जाने वाला था।

कर्क. व्रात्य.
पिष्टकेशी : ओह! भयंकर! महाभयंकर। बदला लेना ही होगा। इस सबका बदला लेना ही होगा।

व्रात्यसोम : प्रतिहारी! तुम जाओ। रानी से मिलने के लिए हम तुरन्त आ रहे हैं।

प्रन्नारायण : *(झुककर)* क्षमा प्रदान की जाये। सूर्योदय से पहले उनकी निद्रा में व्यवधान न डाला जाये ऐसा रानी सरकार का कड़ा आदेश है। यह आदेश इस खरीते के साथ ही उन्होंने दिया है।

व्रात्यसोम : रानी, रानी, रानी! कौन है यह रानी? कल की छोकरी ही तो है!

प्रन्नारायण : क्षमा प्रदान की जाये। आपका यह अधिकार हो सकता है किन्तु यह दासानुदास लाचार है।

कर्कशीर्ष : मन्त्रिमण्डल ने ही तुझे रानी कक्ष का प्रमुख बनाया है।

प्रन्नारायण : हाँ। उस स्थान पर रहने तक रानी की आज्ञा का पालन करना इस दास का कर्त्तव्य रहेगा।

व्रात्यसोम : हुंः। तुझे उस पद से हटाया जाता है।

प्रन्नारायण : यह अधिकार नयी व्यवस्था के अनुसार केवल रानी साहब का है। ऐसा रानी सरकार समझती हैं।

व्रात्यसोम : रानी साहब तो सब कुछ समझती हैं। तू क्या समझता है?

प्रन्नारायण : *(झुककर)* क्षमा प्रदान की जाए। मैं अपने आपको, राजाज्ञा मिलने तक रानी कक्ष का प्रमुख समझता हूँ।

कर्कशीर्ष : मन्त्रिमण्डल का अपमान करने के लिए तुझे क्या प्रायश्चित्त भोगना होगा...तू जानता है?

प्रन्नारायण : अपमान की बात दास के मन में भी कहीं नहीं थी। आप लोग श्रेष्ठ मन्त्रीजन हैं। दास तो केवल वस्तुस्थिति जानता है।

व्रात्यसोम : ठीक है, जाने दीजिए इसे। सूर्योदय में ऐसी खास देर नहीं है।

पिष्टकेशी : *(प्रन्नारायण से)* तुम जा सकते हो।

प्रन्नारायण : खरीते का कोई उत्तर?

कर्कशीर्ष : सूर्योदय के बाद।

[प्रन्नारायण अभिवादन करके चला जाता है]

व्रात्यसोम : हुंः मन्त्रिमण्डल की मान्यता के बगैर ही योजना की

तामीली भी हो गयी। राजाज्ञा भी जारी हो गयी।

कर्कशीर्ष : परम्परा का ख़ून!

पिष्टकेशी : तत्त्व की हत्या!

व्रात्यसोम : महान राजनीतिज्ञों का अपमान!

अरण्यकेतु : साफ़ हुकुम शाही!

भगदन्त : *(उठकर खड़े होते है। सस्मित)* मुक़ाबला।

व्रात्यसोम : हाँ मुक़ाबला। हम इसे हरगिज़ बर्दाश्त नहीं करेंगे।

कर्कशीर्ष : शठे शाठ्यं समाचरेत। इसका प्रत्युत्तर देना ही होगा।

अरण्यकेतु : यह जो हुआ है बड़ा शोचनीय है।

व्रात्यसोम : कवियों की भाषा छोड़कर सीधे युद्ध पर उतरिए अरण्यकेतु। हमारे पास बैठकर पछताने के लिए वक्त नहीं है। हमारी सीधी-सी बात का उस नासमझ लड़की ने इस तरह जवाब दिया है। अब उसका मुँहतोड़ जवाब भी हमें देना ही होगा।

पिष्टकेशी : योजना बनाकर मोर्चा लेना चाहिए।

व्रात्यसोम : *(खड़े होकर)* इस बार हम लोगों को खूब सावधानी से योजना बनानी चाहिए। हमारा विरोधी साधारण नहीं, यह कम-से-कम हमें उसके दिये हुए इस धक्के से समझ लेना चाहिए।

कर्कशीर्ष : मेरा ब्लडप्रेशर बढ़ रहा है।

पिष्टकेशी : हाँ आप आगे बोलिए व्रात्यसोम। सभा को अपनी योजना जानने का मौक़ा दीजिए।

व्रात्यसोम : वह तो मैं दे ही रहा हूँ। महत्त्व की बात तो यह है कि शत्रु ने यह तमाशा फिर उसी कदम्ब जमात को लेकर खड़ा किया है। यही उसकी शक्ति है और यही उसकी नासमझी। मेरा मतलब है कि अब हम लोगों को मौजूदा वस्तुस्थिति की ओर आँख खोलकर तथा स्वार्थ छोड़कर देखना होगा। शत्रु की यह योजना निश्चित रूप से कदम्ब जमात के पक्ष में ही बनी होगी। हम लोग इसी मुद्दे को पकड़कर बाकी जनता को इस समय शत्रु के विरोध में खड़ा कर सकते हैं।

कर्कशीर्ष : देखिए व्रात्यसोम, जनता-वनता को तो आप खामख्वाह

इसमें घुसाइए नहीं। राजनीति में उससे बिना मतलब सिर्फ़ उलझाव पैदा होता है। होता-हवाता कुछ नहीं।

व्रात्यसोम : मगर कर्कशीर्ष! इसी उलझाव को हम लोग चतुराई से इस्तेमाल करें तो विपक्षी को बड़ी आसानी से करारी मात दे सकते हैं। बस ज़रूरत एक ही चीज़ की है, वह है सफाई! हः हः तो पिष्टकेशी! अरण्यकेतु! कर्कशीर्ष! भगदन्त! आप सब लोग व्रात्यसोम के यानी कि मेरे, इस जनता दाँव से सहमत हैं न? उनके लिए हम लोगों को सिर्फ़ भीड़ इकट्ठी करनी होगी। जन समूह को उत्तेजित करना होगा। क्रोध और आक्रोश से बलबलाई हुई भीड़ का रौद्र महासागर शत्रु पर छोड़ देना होगा। उसने अभी जनता जनार्दन के महाभयंकर बबर शेर को देखा नहीं। उसकी दहाड़ सुनी नहीं है। इसलिए सियार की तरह गुर्राए जा रही है। भयंकर गर्जना करता, बीहड़ जंगलों को रौंदता-कुचलता हुआ यह खूँखार और भीमकाय सिंह जब सामने आकर खड़ा हो जाता है तो बड़े-बड़े चौड़े कलेजे वालों की घिग्घी बँध जाती है। उसके आगे इस कल की छोकरी की क्या बिसात? हम उसे झुकाएँगे, उसे शरणागत होने पर लाचार करेंगे। अरण्यकेतु! जनता आपकी मुट्ठी में है। अपनी जनता को आप इस समय उठाइए। पिष्टकेशी! अपने तरफ़ की ज़िम्मेदारी आपके ऊपर है। कर्कशीर्ष! आप जैसे सिद्धान्तवादी राजनीतिज्ञ के लिए जनता थोड़ा सिरदर्द ज़रूर है मगर समय को देखते हुए आपको भी कुछ थोड़ी जनता की ज़िम्मेदारी लेनी ही पड़ेगी।

कर्कशीर्ष : क्षमा कीजिए। अपने तरफ़ की कौन कहे, मैं द्वीप के किसी भी हिस्से की जनता को नहीं पहचानता, मुझे सड़कों पर तथा सभाओं में जिस तरह के लोग मिलते हैं वे सब तत्वहीन, मौक़ापरस्त, बिना रीढ़ के, मूर्ख, घिनौने और लिजलिज़े चेहरों वाले होते हैं।

व्रात्यसोम : आपके वर्णन में अगर अतिशयोक्ति भी हो तो भी राजनीति के शब्दकोश में ऐसे ही लोग जनता कहलाते हैं।

कर्कशीर्ष : मगर इस जनता के सामने जाना मैं अपनी तौहीन समझता हूँ।

व्रात्यसोम : सामने जाने की ज़रूरत कहाँ है। तमाम थोक माल की तरह जनता भी एजेंट के जरिए हासिल की जाता है। ये एजेंट जनता को कोई भी ऊटपटाँग कल्पना बेच देते हैं और उसके बदले में उनका क्रोध खरीद लेते हैं।

कर्कशीर्ष : यह मेरे मान का नहीं। यह मेरे सिद्धान्त के खिलाफ़ है।

व्रात्यसोम : अपना सिद्धान्त बचाये रखने की अगर सचमुच आपकी इच्छा हो तो उसके लिए यही सही रास्ता है।

कर्कशीर्ष : देखूँगा।

पिष्टकेशी : तो यह योजना सबको स्वीकार है? जिन्हें विरोध हो वे हाथ ऊपर उठायें।

[अरण्यकेतु का हाथ ऊपर]

व्रात्यसोम : हः हः हः...

अरण्यकेतु : मुझे एक शंका है।

व्रात्यसोम : वह मुझे भी पहले से ही है।

अरण्यकेतु : अपने लिए कि जनता के लिए?

व्रात्यसोम : अपने ही लिए नहीं, हम सब के लिए।

अरण्यकेतु : हमें भी इसका अन्दाज़ है कि हमारे इस दाँव का प्रत्युत्तर रानी की ओर से रक्तपात के रूप में ही आयेगा।

व्रात्यसोम : हः हः हः। चलता है। आने दीजिए। थोड़ा-बहुत रक्तपात क्या बुरा है? हमारा अपना रक्त बचा रहे बस, फिर सब चलता है।

अरण्यकेतु : इसमें यह भी हो सकता है कि कदम्ब जाति ही योजना के खिलाफ विद्रोह कर बैठे और द्वीप की सब बस्तियाँ-बाज़ार फूँक दे।

व्रात्यसोम : कदम्ब जाति का जवाब देने के लिए तो बराबरी से हमारी जनता खड़ी ही हो जायेगी। अरण्यकेतु! यह क्यों भूलते हैं?

अरण्यकेतु : मुझे लगता है कि यह सब बहुत भयंकर होने जा रहा है।

पिष्टकेशी : अरण्यकेतु! जो घटना घट चुकी है वह इससे भी अधिक

भयंकर थी। आप शायद इस बात को भूल गये। इस समय हमारे सामने मन्त्रिमण्डल के बचे रहने या मिट जाने का सवाल है। अगर हम इस समय चुप रह गये तो समझिए गये।

व्रात्यसोम : जो भयंकर घटना घट गयी है उसका जवाब भी महाभयंकर ही होना चाहिए अरण्यकेतु।

अरण्यकेतु : मगर भोली-भाली निरीह जनता का और द्वीप की सम्पत्ति का इस तरह सर्वनाश।

व्रात्यसोम : हः हः। यह भाषा जो आप बोल रहे हैं अरण्यकेतु, वह आप अनुभवी राजनीतिज्ञों पर शोभा नहीं देती। सर्वनाश के भीतर से ही परिवर्तन आता है। विध्वंस कितना ही भयंकर क्यों न हो, और राजनीति में रहने वाला उसे तटस्थ भाव से नहीं लेता, तो मेरी राय में उसे राजनीति में रहना ही नहीं चाहिए। क्यों कर्कशीर्ष?

कर्कशीर्ष : उद्देश्य आदमी के जीवन से भी ज़्यादा महत्त्वपूर्ण होता है।

व्रात्यसोम : और उद्देश्य वह है जिसको हम पूरा करना चाहते हैं। *(कर्कशीर्ष से)* क्या बढ़िया बात कही है। लाइए इसी बात पर दीजिए ताली। *(कर्कशीर्ष ताली नहीं देते)* हाँ तो अरण्यकेतु, आपको कोई और सन्देह? *(अरण्यकेतु किसी दुविधा में चुप हैं)* तो फिर हम सब को यह योजना स्वीकार है न?

[भगदन्त मुस्कराते हुए खड़े हो जाते हैं]

कहिए भगदन्त?

भगदन्त : *(मुस्कराते हुए)* स्वीकार नहीं। मैं कदम्ब।

व्रात्यसोम : हः। आप कदम्ब हैं। किन्तु कदम्ब की संगत छोड़कर हमारी संगत में आये तभी मन्त्री बने हैं।

कर्कशीर्ष : हमारे निर्णय के बाहर आप हरगिज़ नहीं जा सकते भगदन्त।

पिष्टकेशी : मन्त्रिमण्डल का निर्णय आपको मानना ही होगा।

व्रात्यसोम : अपने मन्त्रीपद का भी ख़याल कीजिएगा।

भगदन्त : *(सस्मित)* उतने भर के लिए निर्णय स्वीकार। पर जान

को धोखा होने का समय आया तो अस्वीकार। हमारी जात वाले बहुत क्रूर। मैं पेट की रोटी भर के लिए राजनीतिक। मन्त्री रहूँगा, मगर जीता रहा तो।

[कन्धा उचकाते हैं]

व्रात्यसोम : मन्त्रिमण्डल आपको संरक्षण देगा।

भगदन्त : *(कन्धे उचकाकर सस्मित)* हमारी जात वाले उससे भी ज़्यादा ताकतवर और क्रूर।

अरण्यकेतु : वैसे देखा जाये तो कदम्ब पुनर्वास की योजना बुरी नहीं है। सिद्धान्त रूप में ठीक ही है। यही है कि रानी साहब ने उसे जिस तरीके से अपनाया है वह तरीका बस ज़रा...

व्रात्यसोम : हः हः। ठीक है अरण्यकेतु। पर यह योजना कदम्ब के पुनर्वास की नहीं, मन्त्रिमण्डल के निर्वासन की है। यह बात आपके भेजे में क्यों नहीं घुसती? यह साफ़ रानी का राजनीतिक दाँव-पेंच है। आप उसमें फँस रहे हैं। रानी के गलत आचरण को भी आप एकपक्षीय नज़र से देख रहे हैं। मन्त्रिमण्डल के साथ रहकर आप रानी का पक्ष ले रहे हैं। उनकी जय-जयकार कर रहे हैं। मन्त्रिमण्डल समय आने पर कभी न कभी इस पर गम्भीर रूप से विचार कर सकता है।

अरण्यकेतु : गलत। साफ़ गलत। आप एकदम गलत समझे। मैं तो मन्त्री की हैसियत से सिर्फ़ राजपद के सम्मान का ध्यान कर रहा था। दुनिया चाहे इधर से उधर हो जाये मैं बराबर आपकी ही तरफ़ हूँ। ईश्वर साक्षी है...

कर्कशीर्ष : राजनीतिक बातचीत से ईश्वर को कृपया दूर रखिए अरण्यकेतु।

अरण्यकेतु : मैंने सिर्फ़ उदाहरण के लिए उल्लेख किया।

व्रात्यसोम : यानी आप भी मन्त्रिमण्डल के निर्णय से अपने को अलग करना चाह रहे हैं। हम आपकी नीयत खूब अच्छी तरह समझ रहे हैं अरण्यकेतु।

अरण्यकेतु : *(दुविधा में हैं। पर स्वीकारोक्ति में गर्दन हिलाकर)* हाँ...।

पिष्टकेशी : आप भगदन्त? आपका क्या?

भगदन्त : *(सस्मित)* तटस्थ *(उठकर मुस्कराते हुए)* जाऊँ? *(उठकर सीधे बाहर चले जाते हैं। चेहरे पर अभी भी मुस्कान है)*

पिष्टकेशी : *(उद्वेग और चिन्ता से)* भगदन्त चले गये।

व्रात्यसोम : जाने दीजिए।

कर्कशीर्ष : उनकी आत्मा को शान्ति मिले!

व्रात्यसोम : पिष्टकेशी। जो साथ आते हैं उन्हें लेकर, और जो नहीं आते उनके बगैर, और जो विरोध करते हैं उन्हें कुचलकर हम आगे बढ़ेंगे, और मंज़िल पर पहुँचकर दिखा देंगे। मन्त्रिमण्डल का निश्चय अटल है।

पिष्टकेशी : रानी से टकराव अटल है।

व्रात्यसोम : लोकशाही की ख़ातिर...

कर्कशीर्ष : उद्देश्य को पूरा करने के लिए...

सब उठकर : मन्त्रिमण्डल ज़िन्दाबाद!

पिष्टकेशी : जनता अमर रहे! जनता चिरायु हो।

(अन्धकार। परदा।)

तीसरा दृश्य

कलमधारी : *(मिलकर) मन्त्रियों के आघात पर रानी का प्रतिघात। मुक़ाबले की चाल में नया पासा, नया दाँव।*

कलमधारी : *(एक) मन्त्रियों के कोट में रानी का पैबन्द। अरण्यकेतु धूमिल हुए अलग कटे भगदन्त। अमल में आ गयी तुरन्त कदम्ब योजना। काम किसी शत्रु का यह मन्त्रियों की घोषणा। राजाज्ञा गैरकानूनी, कोर्ट में की अर्जी। तीनों मन्त्रियों का कटा पत्ता, रानी की गैरमर्ज़ी। रानी के महल में कदम्ब का मोर्चा। कदम्ब के नेता से रानी की चर्चा। खास निमन्त्रण पर भगदन्त उपस्थित। कोर्ट के आदेश पर योजना स्थगित। स्थगन के समाचार पर रानी को आवेश। समय सूचक बर हुकुम योजना के अमल का आदेश। अरण्यकेतु की मध्यस्थता सफल होने*

के आसार। अरण्यकेतु की मध्यस्थता असफल होने के आसार। मुक़ाबले में मन्त्रियों का पक्ष ज़रा बढ़कर। मुक़ाबले में रानी पक्ष ज़रा चढ़कर। तात्विक नज़र से रानी का पक्ष भी सही। सात्विक नज़र से मन्त्रियों की भूमिका भी सही।

रानी का भी तो गलत कुछ होगा ही
मन्त्रियों का भी सही तो कुछ होगा ही

इसे भी व्यर्थ कहना मुश्किल / उसे भी त्याज्य लिखना मुश्किल
उसमें भी कुछ तथ्य है / इसमें भी कुछ सत्य है
यह भी विचारणीय / वह स्वीकारणीय!
वह निषेधनीय / यह उत्तेजनीय!

दोनों : *(मिलकर साथ-साथ) इसमें आशा की पर्याप्त जगह*
उसमें दाँव-पेंच बड़े सम्भव।
इस मुक़ाबले के नये दाँव में
कई नये मोड़, नये उद्भव!

[अन्दर चले जाते हैं।]

चौथा दृश्य

[पीछे वाला परदा उठता है। विजयाराजे निशाना लगा रही है]

विजया : *(एक दीवार पर बने हुए राक्षस जैसे चेहरे पर निशाना मार कर)* भगदन्त! यह निशाना किस पर?

भगदन्त : *(सस्मित)* व्रात्यसोम!

विजया : *(निशाना मारती है)* चूक गया।

भगदन्त : *(सस्मित)* सध जायेगा!

विजया : मैं कौन हूँ भगदन्त?

भगदन्त : *(सस्मित)* कदम्ब उद्धारिणी।

विजया : और?

भगदन्त : *(सस्मित)* सदा विजयिनी।

विजया : *(निशाना लगाकर)* यह निशाना किस पर?

भगदन्त : कर्कशीर्ष।

विजया : *(मारकर)* ठीक लगा।

भगदन्त : *(सस्मित)* लगता ही है।

विजया : भगदन्त! व्रात्यसोम क्या है?

भगदन्त : *(सस्मित)* व्रात्य।

विजया : कर्कशीर्ष?

भगदन्त : *(सस्मित)* कर्क।

विजया : पिष्टकेशी?

भगदन्त : *(सस्मित)* पिष्ट।

विजया : *(नया निशाना लगाकर)* अरण्यकेतु?

भगदन्त : अरण्य।

विजया : *(निशाना लगाकर)* यह किस पर?

भगदन्त : *(सस्मित)* अरण्यकेतु।

विजया : सधेगा या नहीं?

भगदन्त : *(सस्मित)* न सधने पर भी सधने जैसा और सधने पर भी न सधने जैसा।

[प्रन्नारायण आता है]

प्रन्नारायण : *(अभिवादन कर)* अरण्यकेतु!

विजया : *(निशाना अरण्यकेतु के आगमन की दिशा में घुमाते हुए)* वाह! साक्षात स्वयं? उन्हें यहाँ भेज दे प्रन्नारायण। *(अरण्यकेतु आते हैं। अपनी तरफ़ सधा हुआ निशाना देखकर ठिठकते हैं। भयभीत से होकर अभिवादन करते हैं)* हम आप पर खुश हुए अरण्यकेतु। इसलिए हम आपको मारने जा रहे हैं।

अरण्यकेतु : *(स्वर में ज़रा घबराहट किन्तु चेहरे से लापरवाही दर्शाकर)* साक्षात् रानी के हाथ से मृत्यु पाना मेरे लिए परम सौभाग्य की बात है।

विजया : भगदन्त, यह क्या है?

भगदन्त : *(सस्मित)* अरण्यकेतु!

विजया : यह निशाना किस पर?

भगदन्त : *(मुस्कराकर)* जिसका कोई निशाना न हो उस पर।

अरण्यकेतु : *(गुर्राकर)* आप चुप रहिए भगदन्त।

भगदन्त : *(मुस्कराकर कन्धे बिचकाते हैं)* मैं राजाज्ञा का गुलाम...

अरण्यकेतु : *(दुर्लक्ष्य करते हुए)* मुझे स्मरण करने का कारण?

विजया : बैठिए *(निशाना मारती हुई)* पहले की तरह ही यह भी चूक गया, भगदन्त।

भगदन्त : *(स्मित सहित)* चूकेगा वह जायेगा।

[अरण्यकेतु यह सुनकर झपटकर उठ खड़े होते हैं]

अरण्यकेतु : भगदन्त को यहाँ से जाने की आज्ञा देने की कृपा करें।

विजया : किस लिए अरण्यकेतु? वह भी तो मन्त्रिमण्डल के ही व्यक्ति हैं।

अरण्यकेतु : यहाँ उनके रहते हुए मेरे लिए कुछ बोलना कठिन हो रहा है।

[विजया इशारा करती है। भगदन्त सस्मित अन्दर चले जाते हैं]

अरण्यकेतु : *(विजया से)* रानी साहबा, मैं मध्यस्थता का एक आखिरी प्रयत्न करने के इरादे से आपके पास आया हूँ।

विजया : क्या अभी आपकी मध्यस्थता पूरी नहीं हुई? दो बार आखिरी प्रयत्न करने तो आप आ चुके अरण्यकेतु। आज तो राजभवन पर जनता द्वारा घेरा डलवाने की मन्त्रिमण्डल की योजना है।

अरण्यकेतु : मैं आशा नहीं छोड़ूँगा।

विजया : तो आप उन्हें छोड़िए।

अरण्यकेतु : मूल रूप से मैं आपकी ही तरफ़ हूँ, ईश्वर साक्षी है।

विजया : मूल रूप से आप उनकी तरफ़ रहकर प्रत्यक्ष रूप से मेरी तरफ़ रह सकते हैं।

अरण्यकेतु : यह कठिन है।

विजया : तो समझौता भी कठिन है।

अरण्यकेतु : लेकिन फिर उनकी योजना के अनुसार राजभवन का घेराव होगा।

विजया : हाँ होगा।

अरण्यकेतु : मैं एक नया फार्मूला ले कर आया हूँ।

विजया : पुराने फार्मूले भी बुरे नहीं थे।

अरण्यकेतु : तो आप इसमें से कोई एक...

विजया : सारे ही नापसन्द हैं, नामंजूर...

अरण्यकेतु : कुछ कहने का साहस करूँ तो कहूँगा कि समय बहुत बुरा है...झगड़े को महत्त्व देकर द्वीप के हित को महत्त्वहीन मानने से अन्त में सबका अहित होने वाला है।

विजया : यह उन्हें सिखाइए, अपने मित्रों को। झगड़ा वह करते हैं। मैं नहीं। मैं राज करती हूँ, अरण्यकेतु।

अरण्यकेतु : राजतन्त्र का एका तथा एकसूत्रता कायम रहनी चाहिए।

विजया : इसीलिए फिलहाल हम अकेले ही यह सूत्र चला रहे हैं।

अरण्यकेतु : मगर राजतन्त्र अनेक हाथों से चलने वाला रथ है। ऐसा मैं नम्रतापूर्वक निवेदन करना चाहूँगा।

विजया : मगर उसे चलाने वाले सारे हाथ एक ही दिशा में चलने चाहिए!

अरण्यकेतु : अगर बीच का कोई रास्ता निकाला गया तो यह असम्भव न होगा।

विजया : कुछ लोग उसके रास्ते में खड्ड खोदने में लगे हैं, उसे रोकने में लगे हैं, तोड़ने में लगे हैं।

अरण्यकेतु : आमने-सामने बातचीत हो जाने पर भ्रम दूर हो जाने की हमेशा सम्भावना रहती है। अभी भी मुझे उम्मीद है, अगर आपकी और मन्त्रिमण्डल की भेंट हो जाये तो...

विजया : हम किसी भी समय भेंट करने को तैयार हैं।

अरण्यकेतु : सिर्फ़ भेंट नहीं, आश्वासन। खुले दिल से, नये सिरे से सारी बातों पर विचार-विमर्श करने का आश्वासन...

विजया : उनकी तरफ़ से भी हमें वचन मिलना चाहिए।

अरण्यकेतु : किस बात का?

विजया : यही कि हमारी कदम्ब योजना को वह लोग खुली स्वीकृति देंगे।

अरण्यकेतु : वही तो उनकी नज़र में विवाद का सबसे बड़ा मुद्दा है।

विजया : और यही हमारी नज़र में समझौते की पहली शर्त है।

अरण्यकेतु : मतलब कि मध्यस्थता की कोई सम्भावना नहीं है, न हो सकती है, यही न?

विजया : हमें उसकी ज़रूरत भी नहीं है। कल आप जब आखिरी बार, आपके हिसाब से बिल्कुल ही आखिरी बार समझौते की बात लेकर हमारे पास आये थे तभी मैंने बता दिया था।

अरण्यकेतु : अगर आप औपचारिक सहानुभूति ही प्रगट कर दें तो भी बात बन जाती। उसका मसविदा मैं लिखकर ले आया हूँ...

विजया : किसलिए? मैं रानी हूँ अरण्यकेतु! उन्हें खुद अपने व्यवहार के लिए मुझसे माफी माँगनी चाहिए। *(हँसकर)* समझौता असम्भव है।

अरण्यकेतु : *(पसीना पोंछकर)* किन्तु मैं प्रयत्न करता रहूँगा। यह मेरा स्वभाव है।

विजया : आपसे मुझे सहानुभूति है अरण्यकेतु।

अरण्यकेतु : *(हताश होकर)* तो मैं यह समझ रहा हूँ कि मेरा इस बार का प्रयत्न भी व्यर्थ गया? *(जाने लगते हैं फिर वापस लौटकर पसीना पोंछते हुए)* अभी भी मैंने आशा नहीं छोड़ी है। प्रार्थना है कि जल्दी में कोई भयंकर निर्णय न लें। और यदि कोई ऐसा प्रसंग आये भी तो कृपया इस अरण्यकेतु पर पूरा भरोसा रखें। खासकर उस समय जब मन्त्रिमण्डल में कोई बदलाव करने की ज़रूरत समझें। मूल रूप में मैं आपके ही पक्ष का हूँ।

विजया : *(अरण्यकेतु को इशारे से वापस बुलाकर)* अरण्यकेतु! आज जनता का जो घेराव होने वाला है उसमें आप भी शामिल हैं न?

अरण्यकेतु : *(सिर झुकाए हुए)* मगर ऐन मौक़े पर बीमार हो जाने का मेरा इरादा है। स्वभाव से मुझे यह उत्पाती रास्ता पसन्द नहीं। मैं बीच के रास्ते पर चलने में ज़्यादा विश्वास करता हूँ।

विजया : आप दोनों रास्ते पर चलने में विश्वास करते हैं। अरण्यकेतु आप एक ही समय में दोनों रास्तों पर पैर रखकर चलने का कमाल दिखाने वाले नट हैं। बड़ी हास्यास्पद और दयनीय स्थिति है आपकी। पचासी बरस की उम्र में भी

एक साथ दो दिशाओं में आप चलने की हिम्मत रखते हैं। वह भी सिर्फ़ कुर्सी के लिए? *(जोर से हँसती है)*

[अरण्यकेतु जल्दी से अभिवादन करके चले जाते हैं]

भगदन्त : *(आते हैं। जिस तरफ़ अरण्केतु गये हैं उधर देखकर मुस्कराते हुए)* प्रयत्नकेतु!

विजया : आज राजमहल में घेरा डालने वाली उग्र भीड़ के जमाव के सामने आपको जाने के लिए मैं कहने वाली हूँ भगदन्त।

भगदन्त : *(पहले आदतन मुस्कराते हैं फिर ज़रा गम्भीर होते हैं। फिर सस्मित, कन्धे उचकाकर)* भाषण आता नहीं। निरक्षर।

विजया : भाषण की ज़रूरत नहीं। उग्र भीड़ को रक्त चाहिए।

भगदन्त : *(सस्मित)* मेरा रक्त सामान्य।

विजया : आपका रक्त राजनीतिक है।

भगदन्त : *(सस्मित)* कदाचित रक्त ही नहीं। सिर्फ़ पानी रक्त का। राजनीति में हुआ।

विजया : या जनता का रक्त। चूसा हुआ।

[भगदन्त सस्मित कन्धे उचकाते हैं।]

विजया : जाइए भगदन्त। और जब हम स्मरण करें आप जनता के सामने जाने के लिए तैयार हो जाइए। भागने की कोशिश न कीजिएगा। हमें इस समय आपकी ज़रूरत है। पहरेदारों को उस तरह का आदेश दिया जा चुका है। आप कहीं भागकर नहीं जा सकते।

[वह अनिश्चयपूर्ण मन से चले जाते हैं। विजया ताली बजाती है। प्रन्नारायण आता है।]

प्रन्नारायण : आज्ञा करें।

[विजया शरारती मुद्रा में उसके पास जाकर उसके बाल पकड़कर उसे अपने सामने खड़ा करती है]

विजया : कैसा चल रहा है मेरा नया खेल? क्यों रे?

प्रन्नारायण : आपका खेल हो रहा है और मेरी जान जा रही है।

विजया : जानलेवा खेल तो आज राजमहल के सामने होने वाला है प्रन्नारायण।

प्रन्नारायण : आज्ञानुसार सारी व्यवस्था पक्की है। राजमहल के हर झरोखे में छिपाये गये बन्दूकधारी सतर्क हैं। राजमहल

के भीतर खास-खास ठिकानों पर भी बन्दूकधारी छिपे हुए हैं। भूखे कंगाल कदम्ब लोगों के वेश में तमाम गुण्डे मस्ती से खाते-पीते महल के पिछवाड़े दो दिन से बसे हुए हैं। इसके अलावा तमाम चोर-उचक्के, जेबकतरे किराये पर बुलाकर सामान्य जनता के वेश में राजधानी में सब तरफ़ फैले हुए हैं। उनके अनाचार से दम्भद्वीप के वासी बहुत आतंकित हैं। मन्त्रिमण्डल के हर मन्त्री के घर में हमारे गुप्तचर नौकर के रूप में पहले ही घुसा दिये गये थे। उनसे मन्त्रियों के घर की छोटी-छोटी बातों का विवरण प्राप्त हो रहा है। जिनसे अब तक अनगिनत पुलिन्दे तैयार हो गये हैं। उन्हें पढ़ते-पढ़ते मेरा सिर चकराने लगा है। इन पुलिन्दों को पढ़कर मैंने पहली बार जाना कि मन्त्री नाम का जीव दुनिया का सबसे ज़्यादा आलसी तथा ग़ैर-ज़िम्मेदार, एक बहुत ही सामान्य प्राणी है। वह नहाने जाने पर गुसलखाने में गाना भी गाता है।

[विजया हँसने लगती है]

इसके अलावा और भी तथ्य मिले हैं। एक तो यह कि वह पाचक औषधियाँ बहुत खाता है। अक्सर पत्नी के भाई-भतीजों को छिपकर प्यार करता है। हालाँकि यह कोई सार्वजनिक तथ्य नहीं है। साधारण रूप से उनके व्यक्तिगत जीवन की बातें हैं। पर चूँकि मुझे वह सारे विवरण पढ़ने पड़े इसलिए मुझे यह जानकारी हुई। और मैंने आपको बताया।

[विजया हँसती है]

मेरे जैसे व्यक्ति को यह काम सौंपना सरासर अन्याय है।

[विजया और हँसती है। हँसते-हँसते थकती है]

जो महत्त्वपूर्ण सूचनाएँ इसमें मुझे प्राप्त हुई हैं वे लगभग सभी रानी साहबा के हिस्से में पड़ती हैं। जैसे गुण्डों, चोर-उचक्कों, बन्दूकधारियों, और गुप्तचरों का भारी संख्या में जमाव। बल्कि कभी-कभी तो ऐसा लगता रहा

कि मैं मन्त्रियों से सम्बन्धित विवरण नहीं बल्कि रानी साहबा के सुकृत्यों का विवरण पढ़ रहा हूँ। उन्हीं में से कुछ चोर-उचक्के तथा राजनीतिक कार्यकर्ता एक ही समय में मन्त्री तथा रानी दोनों के ही निवास में घुसते देखे गये हैं।

विजया : जैसे अरण्यकेतु। है न?

प्रन्नारायण : मैं तो सिर्फ़ विवरण का विवरण आपके सामने प्रस्तुत कर रहा हूँ। साधारण आम जनता के जो अन्दरूनी समाचार हैं वे बहुत गम्भीर हैं और ध्यान से समझने योग्य हैं।

विजया : जैसे?

प्रन्नारायण : जैसे उनकी रानी साहबा के प्रति बहुत ज़्यादा विरोधी भावना। जन-साधारण के जो उद्‌गार आपके लिए निकल रहे हैं वे चिन्तनीय हैं।

विजया : *(होंठ चबाकर)* ऐसा?

प्रन्नारायण : जैसे, मन्त्रिमण्डल के अधिकारों पर अतिक्रमण करके रानी साहबा ने द्वीप की लोकशाही पर अतिक्रमण किया है।

विजया : मगर मैं रानी हूँ। उनकी इच्छा पर नाचने वाली कठपुतली नहीं।

प्रन्नारायण : यह मैं अपना मत न कहकर विवरण में मिला हुआ सर्वसामान्य जनमत बता रहा हूँ।

विजया : जनमत? हः! इसका अर्थ यह हुआ कि हमारा प्रचार यन्त्र निकम्मा साबित हुआ है।

प्रन्नारायण : रानी साहबा के कामों से टक्कर लेना आसान नहीं।

विजया : मतलब?

प्रन्नारायण : प्रचार यन्त्र बैठ गया।

विजया : मेरी योजना जनता के लिए ही बनायी गयी थी। उन्हीं में से एक जमात के कल्याण और उत्थान के लिए बनायी गयी थी।

प्रन्नारायण : वह योजना आपकी महत्वाकांक्षा है।

विजया : किसी के कल्याण की महत्वाकांक्षा पाप नहीं है। वह रानी का पवित्र कर्त्तव्य है।

प्रन्नारायण : और कर्त्तव्य से महत्वाकांक्षा बड़ी है।

विजया : नहीं, किसी की निजी महत्वाकांक्षा से एक समाज के कल्याण की योजना कहीं अधिक बड़ी है।

प्रन्नारायण : कल्याण से भी योजना बड़ी।

विजया : जो कहना है साफ़-साफ़ कह प्रन्नारायण। ऐसे छुप कर घाव न कर।

प्रन्नारायण : वह मेरा स्वभाव है। मगर जो घटित हो रहा है उसमें मुझे साफ़ योजना दिखाई दे रही है। कल्याण उसके अनुपात में अस्पष्ट है।

विजया : दोनों एक ही हैं, प्रन्नारायण।

प्रन्नारायण : मगर यह बात कदम्ब कबीले के लोगों को समझ में आ नहीं रही है। उन्हें इसमें सिर्फ़ योजना का ताम-झाम दिखता है। अपने कल्याण की आहट भी नहीं मिल रही है। बल्कि इसके विपरीत योजना के हल्ले से इस कबीले का प्रश्न सबकी आँखों में गड़ने लगा है। जिसके कारण इस कबीले पर खुलेआम हमले और अत्याचार होने लगे हैं। ऐसा विवरणनामा बता रहा है। इसके बावजूद यह विवरणनामा रानी के पक्ष में आया है इसके अर्थ यह हुए कि यह जो कुछ बता रहा है वह बिल्कुल सत्य है। मगर कदम्ब कबीले की अवस्था योजना की इस ज्यादती के कारण, क्षमा करें, फिलहाल बहुत गम्भीर हो उठी है, जिसके कारण यह कबीला बहुत अधिक भयभीत है।

विजया : यह विवरण विश्वसनीय है। फिर भी इस समय की राजनीतिक स्थिति का कोई निर्णय होने के बाद जब यह योजना ठीक से रास्ते पर आ जायेगी, इस पर विचार किया जा सकेगा। योजना पूरी करने के लिए आज सबसे पहले मेरे हाथों में ज़्यादा से ज़्यादा सत्ता और शक्ति आनी बहुत ज़रूरी है प्रन्नारायण। यह बात उन लोगों की समझ में क्यों नहीं आती?

प्रन्नारायण : इसीलिए तो उन लोगों के कल्याण की चिन्ता राजनीतिक लोगों को सौंपनी पड़ती है।

विजया : *(सहसा अन्तर्मुखी होकर)* प्रन्नारायण! आज महल के चारों तरफ़ इकट्ठी होने वाली भीड़ अगर मुझे मार डाले तो क्या होगा?

प्रन्नारायण : कम से कम एक आदमी ज़रूर दुखी होगा।

विजया : एक ही?

प्रन्नारायण : असली दुख की बात कह रहा हूँ। औपचारिक दुख की बात करूँ तो सारे द्वीप पर शोक की लहर फैल जायेगी और प्रकृति भी बादल एकत्र कर रो पड़ेगी।

विजया : एक आदमी भी क्यों सचमुच दुखी होगा?

प्रन्नारायण : वह राज्य से सम्बद्ध नहीं है इसलिए। उसके अश्रु अभी हुक्म पर नहीं बहते और उसका कण्ठ हुक्म पर अवरुद्ध नहीं होता इसलिए।

विजया : मगर उसे क्यों दुख होगा?

प्रन्नारायण : दुख के लिए कारण नहीं होता रानी सरकार। और कम से कम ऐसे दुख के लिए तो नहीं ही होता जो बिना किसी वजह के हुआ हो।

विजया : स्वयं उपजा दुख न? मगर उसका पूर्व अन्दाज़ भी तो अक्सर गलत होता होगा। हो सकता है, ऐन समय पर दुख हो ही नहीं।

प्रन्नारायण : हो सकता है।

विजया : क्या हो सकता है? किस आधार पर तू यह कह सकता है? यह कैसे हो सकता है कि मेरे मरने पर एक भी आदमी को सच्चा दुख न हो? नहीं प्रन्नारायण! यह मेरी आज्ञा है कि दुख होना ही चाहिए।

प्रन्नारायण : यह तो राजाज्ञा हुई। *(हँसकर)* दुख सिर्फ़ देवाज्ञा मानता है।

विजया : *(उदास होकर प्रन्नारायण के गले में हाथ डालकर उसकी छाती में सिर छिपा लेती है)* प्रन्नारायण, मुझे इस दुनिया से जाना नहीं है रे। तुझे सच्चा दुख होता तो भी नहीं। मुझे जीना है। बहुत दिन जीना है।

प्रन्नारायण : यह मुझे मालूम था। इसीलिए तो पिछले कई दिनों से

जनता की घेराबन्दी के विरुद्ध बड़े बन्दोबस्त की योजना चला रहा हूँ।

विजया : वह तो मन्त्रिमण्डल के दाँव को विफल करने के लिए।

प्रन्नारायण : महत्वाकांक्षी व्यक्तियों की यही ज़िन्दगी होती है। किसी न किसी चीज़ को विफल करना, किसी न किसी चीज़ का विध्वंस करना और अपना काम बना लेना।

विजया : प्रन्नारायण! मुझे सिर्फ़ जीना ही नहीं है, राज भी करना है। सौ बरस राज्य करना है। हज़ार वर्ष राज्य करना है। इस नालायक मन्त्रिमण्डल की नाक पर बैठकर दम्भद्वीप को अपनी इच्छानुसार रूप देना है। ये बूढ़े खूसट मन्त्री कौन होते हैं मुझे रोकने वाले? मैं जवान हूँ। अभी-अभी तो मैं अपने कार्य में लगी हूँ। और अभी ही न जाने कितनी समस्या आ गयी, जाने कितने यक्ष प्रश्न उठ खड़े हुए। जाने कितनी अड़चनें और कमियाँ हैं। दम्भद्वीप को अभी बहुत प्रगति करनी है। यदि मैं मर गयी तो यह सब कैसे होगा? मैं सिंहासन छोड़ दूँ तो ये खूसट बूढ़े मन्त्री क्या करेंगे? मुझे ही सब देखना होगा। करना होगा *(दीवार पर बने राक्षसों के चेहरों पर निशाना मारकर)* मैं यह सब करके दिखाऊँगी। आने दो उनकी जनता को। होने दो घेराबन्दी महल की। टकरा कर देख लें वे मुझसे। प्रन्नारायण! आज सबका फ़ैसला हो जायेगा। आज समझ लें वे लोग भी मुझे। चढ़ा लें कसौटी पर। देखें आकर!

(अन्धकार। परदा गिरता है।)

पाँचवाँ दृश्य

कलमधारी : *(दोनों मिलकर) ज़्यादा अंक! ज़्यादा अंक!*
जनता घिराव! उत्साह का उच्चांक!

कलमधारी : *(एक) छोटे से बड़े तक / बैठों से खड़े तक*

रंक से राजा तक / राजा से रंक तक
पूरब से पश्चिम तक / उत्तर से दक्षिण तक
ऊपर से नीचे तक / इधर से उधर तक
नारा है एक तरफ़
कारमारी का लोकशाहीकरण / जनता घिराव का वातावरण
मन्त्रियों के अधिकार / टिकने ही चाहिए
रानी की सनक / मिटनी ही चाहिए
कदम्ब पुनर्वसन झक / स्थगित करिए
राजवाड़े का घिराव / यशस्वी करिए
लोकशाही की विजय हो / दम्भद्वीप की विजय हो
जनता की / मन्त्रिमण्डल की
व्रात्यसोम की / कर्कशीर्ष की
अरण्यकेतु की / विजय हो
मेरी / इनकी / आपकी
उनकी / डंडे की / गिल्ली की
कुत्ते की / बिल्ली की—विजय हो!
लम्बू की / छोटू की / लंगड़ू की / अकड़ू की
टेढ़ू की / मेढ़ू की / कानू की / बहरू की
रोगी की / ढोंगी की / मेंढक की / मुर्गी की
परचों की / मिरचों की
ठेले की/ मेले की / ढेले की / केले की—विजय हो!
कुर्सी की / जरसी की
लकड़ी की, छकड़ी की / ककड़ी की, मकड़ी की
कच्चों की, पक्कों की / झूठों की, सच्चों की

दोनों : (साथ-साथ) विजय हो, विजय हो, विजय हो!
चलो राजवाड़ा / राजकीय मुक़ाबले का अन्तिम अखाड़ा!
(दोनों अन्दर जाते हैं।)

छठा दृश्य

[जुलूस के जमाव का होहल्ला सुनाई देने लगा है। इस होहल्ले से स्टेज भर उठता है। पीछे वाला परदा उठता है। कर्कशीर्ष, व्रात्यसोम, पिष्टकेशी आदि मन्त्री छाती के बजाय पेट फैलाये हुए राजवाड़े के दालान में खड़े हैं। भीड़ का शोर अब लगभग नहीं सुनाई दे रहा है।]

व्रात्यसोम : *(खिड़की खोलते हैं। एकाएक भीड़ का तेज़ शोर अन्दर घुसता है। व्रात्यसोम तुरन्त खिड़की बन्द करते हुए)* हाः हाः! क्या ज़ोरदार प्रबन्ध हुआ है। पिष्टकेशी! कर्कशीर्ष! मुझे आप लोगों का अभिन्नदन करना चाहिए। मगर अरण्यकेतु ने, जैसा कि पहले से अन्दाज़ था, आखिर धोखा दे ही दिया। सुनते हैं उन्हें फ्लू हो गया है। हाः हाः! मगर यह मानता हूँ कि इससे बढ़िया प्रदर्शन हो ही नहीं सकता। कम-से-कम पच्चीस हज़ार की भीड़ तो ज़रूर ही होगी। आँखों को चकाचौंध करने वाला प्रदर्शन।

कर्कशीर्ष : *(क्रोध में)* और रानी साहबा अभी तक आ ही नहीं रही हैं। आधे घण्टे से हम लोग राह देख रहे हैं। *(घड़ी देखकर)* सैंतीस मिनट।

व्रात्यसोम : मगर एक बात याद रहनी चाहिए, पिष्टकेशी, कि सफलता की इस घड़ी में भी हमें उस बात को भी भूलना नहीं है। यह हरगिज़ नहीं भूलना है कि इस जमाव से हमारा कोई सम्बन्ध नहीं हैं। यह भीड़ कैसे इकट्ठी हो गयी इसके बारे में हमें कुछ भी पता नहीं है। हम सिर्फ़ राजसिंहासन के एकनिष्ठ सेवक हैं। क्या समझे?

कर्कशीर्ष : मगर एक बात ध्यान में रखिएगा, व्रात्यसोम, कि सत्ता हाथ आने पर पहला अधिकार मेरा ही है। राजसिंहासन की सेवा आप दोनों से कहीं अधिक मैंने की है। इसलिए कहा कि बाद में इसे लेकर विवाद न हो।

व्रात्यसोम : जो बहुमत से तय होगा सबको मानना होगा। क्यों

पिष्टकेशी *(खिड़की खोलकर देखते हैं और झट से बन्द कर देते हैं।)* बाप रे बाप! अब तो डर लगने लगा है। विजू के तो होश हवास इस समय गुम होंगे। ज़ोरदार होहल्ला मचा है। *(चीख चिल्लाहट की आवाज़)*

पिष्टकेशी : कुछ ही देर में पत्थर चलने लगेंगे!

कर्कशीर्ष : राजवाड़े के माल-मत्ते के विध्वंस का निर्णय सिर्फ़ तुम दोनों का है। मेरी अनुमति उसमें नहीं है। यह बात मैं फिर से आप लोगों को बता देना अपना कर्त्तव्य समझता हूँ। मेरे हाथ में अगर इसका फ़ैसला होता हो इस तरह के काम करने वालों को मैं गोली से उड़ा देता। मैं सिर्फ़ सिद्धान्त तक आपके साथ हूँ। उसके आगे का आपका रास्ता मुझे बिल्कुल पसन्द नहीं। पत्थर अभी तक कैसे नहीं चले पिष्टकेशी?

पिष्टकेशी : व्यवस्था तो पक्की है। चलेंगे समय से! सम्भव हो तो कुछ वाहन जला देने का आदेश भी मैंने दे रखा है। कहीं धुआँ तो नहीं दिखाई दे रहा है। ज़रा देखिए तो!

व्रात्यसोम : आप ही देखिए न। हः आप खिड़की से झाँकने में डरते हैं पिष्टकेशी?

पिष्टकेशी : हृदय से मैं अहिंसावादी और भावनाप्रधान हूँ। और आज मुझे लगता है कि कम-से-कम बीच-पचीस लाशें ज़रूर गिरेंगी।

व्रात्यसोम : किसी भी आन्दोलन के नाम पर कुछ शहीद तो होने ही चाहिए। बीच-पचीस शहीदों की संख्या कोई संख्या है पिष्टकेशी! आज तो मेरे अन्दाज़ से पचास-साठ मुर्दे गिरने चाहिए। दुनिया को मालूम तो हो कि दम्भद्वीप के इतिहास का सुनहारा पन्ना रक्त की स्याही से लिखा गया है। देखूँ कहाँ तक पहुँचे वे लोग।

[खिड़की जरा-सी खोलते हैं। बाहर गोलियों के चलने की, पथराव की तथा चीख-चिल्लाहट की आवाज़]

(खिड़की बन्द करके) बाप रे, बाहर तो भयंकर गोलीबारी हो रही है। पसीना पोंछते हैं।

कर्कशीर्ष : आप डर रहे हैं क्या व्रात्यसोम? मुझे तो गोली चलने की आवाज़ कानून और सुव्यवस्था की प्रतीक लगती है। मैं

तो इस मत का हूँ कि बीच-बीच में आवाज़ होनी ही चाहिए। खिड़की आपने ठीक से बन्द कर दी है न?

[खिड़की के रास्ते गोली कक्ष के भीतर घुस कर ऊपर की छत में लगती है।]

(कर्कशीर्ष दीवार से चिपककर) गोली! व्रात्यसोम। अब यह मगर कुछ ज़्यादा ही हो रहा है। अन्दर गोली किसने चलाई?

व्रात्यसोम : रुकिए, मैं चुपके से देखता हूँ *(खिड़की के सूराख से झाँककर)* ठीक से दिख नहीं रहा है मगर यह बहुत भयानक हो गया है। वाह! शाबाश बहुत अच्छे। आगे बढ़ते चलो मेरे यार। पीछे मत हटना! शहीद हो गये तो भी हमें खुशी है। मन्त्रिमण्डल ज़िन्दाबाद! रानी मुर्दाबाद।

[विजया इसी समय स्लैक्स पहने हुए अन्दर आकर खड़ी रहती है। हाथ में बुनाई का सामान। चुपचाप कक्ष के भीतर का दृश्य देखती रहती है]

पिष्टकेशी : *(व्रात्यसोम के पीछे होकर)* ब्याहवा! क्या बढ़िया पत्थर मारा है! रोशनदान खलास। फिर एक आया। भीड़ हट ही नहीं रही है। बड़े बहादुर हैं लोग? कर्कशीर्ष! कृपा करके मुझे आगे मत धकेलिए।

कर्कशीर्ष : मैं तो सिर्फ़ जमाव को देखने की कोशिश कर रहा हूँ आप पीछे मत हटिए। वह देखिए। वह एक मरा। लाल-लाल रक्त। वह दूसरा गिरा। ज़रा किनारे रहिए व्रात्यसोम...

व्रात्यसोम : *(बाहर देखते हुए)* रानी मुर्दाबाद! रानी मुर्दाबाद! जनता की विजय हो! आगे बढ़ो! शहीदों की विजय हो! *(रोशनदान से टकराकर फिर एक पत्थर गिरता है। तीनों ही बहुत भयभीत होकर पत्थर को देखने झुकते हैं। सहसा विजया पर निगाह पड़ती है)*

विजया : उठिए व्रात्यसोम! कर्कशीर्ष! पिष्टकेशी! हमने आप सब को अभय दिया। *(तीनों यह सुनते ही एकदम झटके से जड़वत् हो उठते हैं। फिर खिड़की के पास से होकर सुरक्षित अन्तर पर जाकर खड़े हो जाते हैं)* देख चुके बाहर का दृश्य?

कर्कशीर्ष : उद्वेगजनक!

व्रात्यसोम : खेदजनक!

पिष्टकेशी : सन्तापजनक!

कर्कशीर्ष : इस असभ्यतापूर्ण तमाशे का मैं धिक्कार करता हूँ।

व्रात्यसोम : इस असंस्कृत गुण्डागर्दी के लिए मैं अपना निषेध व्यक्त करता हूँ। मेरा तात्पर्य भीड़ से है। इस भीड़ के व्यवहार पर मैं दुखी हूँ।

पिष्टकेशी : इस घिनौने तमाशे के ख़त्म होते ही मुझे अपना पत्रक प्रकाशन के लिए देना चाहिए। व्रात्यसोम, यह पत्थर इस रोशनदान पर ही नहीं पड़ा है...

विजया : वह आपके सर पर भी पड़ सकता था!

पिष्टकेशी : नहीं। यह पत्थर, मेरे कहने का मतलब था कि...मतलब कि मैं अभी भी यह कहता हूँ कि यह पत्थर इस द्वीप के हित में अपना जीवन अर्पण करने वाले हर बुद्धिमान आदमी के कलेजे पर पड़ा है।

विजया : अगर ऐसे किसी आदमी को खोजता हुआ वह यहाँ आया होगा तो उसने बड़ी मूर्खता की है, यहाँ इस समय ऐसा कोई व्यक्ति नहीं है। यह उसे पता चल ही गया होगा।

व्रात्यसोम : नहीं, कैसे? साक्षात् रानी सरकार ही...

विजया : आपका अन्दाज़ा गलत है व्रात्यसोम। बाहर की गोलाबारी हमारी ही आज्ञा से हो रही है और ज़रूरत पड़ने पर इस पागल भीड़ के एक-एक आदमी को कुत्ते की तरह गोली से मार दिया जायेगा। अभी सिर्फ़ इतना ही हिसाब हमारे दिमाग़ में चल रहा है कि गोलियाँ सब के लिए पूरी पड़ेंगी या नहीं?

व्रात्यसोम : भयंकर। महाभयंकर। यह तो बहुत ही...

विजया : *(कुछ स्मरण करती हुई सी)* रानी मुर्दाबाद। जनता की विजय हो। शहीदों की विजय हो। आगे बढ़ो!

व्रात्यसोम : यह तो मैंने व्यंग्य के अर्थ में कहा था। है न पिष्टकेशी?

पिष्टकेशी : मैंने भी!

कर्कशीर्ष : मुझे यह सब स्वीकार नहीं है, यह बात मुझे कबूल करने की आज्ञा दीजिए।

विजया : यहाँ नहीं, बाहर भीड़ के जमाव के बीच जाकर कबूल कीजिए कर्कशीर्ष!

कर्कशीर्ष : इस समय तो ऐसा करना पागलपन जैसा होगा। भीड़ बहुत उत्तेजित है। जिसे गोली की परवाह नहीं है उसके सामने शब्दों की क्या बिसात है!

व्रात्यसोम : भीड़ अपनी माँगें पूरी कराये बगैर वहाँ से हट जायेगी ऐसा मुझे नहीं लगता। है न पिष्टकेशी?

[एक और रोशनदान कहीं फूटता है]

यह नया पत्थर!

पिष्टकेशी : रानी साहबा ही इस समय भीड़ को शायद शान्त कर सकेंगी।

विजया : यानी कि जो भीड़ आपकी नहीं सुनेगी वह मेरी सुनेगी! ऐसा आपका कहना है, पिष्टकेशी?

पिष्टकेशी : यह सम्भव हो सकता है, यह मैं कहना चाहता हूँ। है न व्रात्यसोम?

व्रात्यसोम : प्रयत्न करके देखने में कोई हर्ज नहीं।

कर्कशीर्ष : मैं राज्य का एकनिष्ठ सेवक होने के नाते यह ज़रूर कहूँगा कि व्यर्थ की प्राणहत्या रोकने का जितनी जल्दी से जल्दी उपाय हो सके ज़रूर किया जाए।

विजया : तो कर्कशीर्ष, राजसिंहासन की आज्ञा है कि भीड़ के बीच में जाकर मन्त्रिमण्डल उसे शान्त करें।

[कर्कशीर्ष घबराते हैं]

कर्कशीर्ष : भीड़ की माँग सिंहासन से है।

व्रात्यसोम : इसमें कोई भी सन्देह नहीं।

पिष्टकेशी : उनकी फरियाद सिंहासन के खिलाफ है।

विजया : अपने को सिंहासन का प्रतिनिधि मानकर हम आपको आज्ञा देते हैं कि भीड़ से बातचीत करके आप उनकी माँगों को जानने की कोशिश कीजिए।

पिष्टकेशी : वह तो पता ही है।

व्रात्यसोम : हमारे कानों में वह पहले ही पड़ चुकी हैं।

कर्कशीर्ष : माँगें तो साफ़ हैं।

व्रात्यसोम : एक तो कदम्ब पुनर्वसन योजना स्थगित कीजिए।

पिष्टकेशी : दूसरे मन्त्रिमण्डल के सर्वाधिकार उसे वापस मिलने चाहिए।

कर्कशीर्ष : नहीं तो सत्ता का त्याग कीजिए।

विजया : ये भीड़ की माँगें हैं?

तीनों : ऐसा ही सुनने में आया है।

विजया : ऐसा सुनने में आया है कर्कशीर्ष, पिष्टकेशी, व्रात्यसोम! मैं भीड़ के ही साथ रहकर भीड़ के ही बीच में बड़ी हुई हूँ। मैं पापू की कन्या हूँ। इस बात को न भूलिए। बोलिए! ये माँगें भीड़ की हैं या हमारे मन्त्रियों की?

तीनों : *(हिचकिचाते हुए)* भीड़ की।

विजया : *(ताली बजाकर)* तो फिर ठीक है मैं आपको दिखाती हूँ कि भीड़ को क्या चाहिए।

[प्रन्नारायण आता है]

प्रतिहारी! भगदन्त को भीड़ के सामने ले जाकर डाल दे।

[प्रन्नारायण जाता है। विजया निश्चिन्त होकर बुनाई करने लगती है। मन्त्रिजन अपने आपको खिड़की के पास जाने से रोक नहीं पाते। बाहर भयंकर कोलाहल है। यह कोलाहल एकाएक कम होता है। मन्त्री खिड़की बन्द करके मुड़ते हैं। चेहरे पर असह्य वेदना का भाव।]

विजया : क्या हुआ पिष्टकेशी?

पिष्टकेशी : भगदन्त गये।

विजया : ठीक शब्द का इस्तेमाल कीजिए पिष्टकेशी। कहिए भीड़ की एक माँग पूरी हुई। रक्त! चाहे किसी का भी हो!

व्राज्यसोम : भयंकर।

विजया : इसके बाद बच रहे मन्त्री एक के बाद एक क्रम से भीड़ के बीच जाएँगे।

पिष्टकेशी : नहीं-नहीं। *(मुँह छिपाते हैं)*

कर्कशीर्ष : यह अमानुषिक है।

व्रात्यसोम : यह मन्त्रिमण्डल को मान्य नहीं है।

विजया : जमाव इकट्ठा करके यहाँ उनका घिराव करवाना मन्त्रिमण्डल को मान्य है या नहीं?

व्रात्यसोम : यह सिर्फ़ आरोप है।

पिष्टकेशी : यह असत्य है, झूठ है।

[प्रन्नारायण आता है। सब उसे देख भय से सिहर उठते हैं। प्रन्नारायण अभिवादन करता है।]

विजया : कहो प्रतिहारी?

प्रन्नारायण : *(मन्त्रियों की तरफ़ देखकर)* आगे की आज्ञा?

विजया : भीड़ की माँग क्या है?

प्रन्नारायण : राजभवन जला देने का प्रयत्न है। भीड़ तथा बन्दूकधारी एक-दूसरे से भिड़े हुए हैं। भीड़ बेकाबू हो उठी है।

विजया : *(बुनाई का सामान रखकर उठती है)* प्रतिहारी! भीड़ के बीच मैं ही जा रही हूँ।

प्रन्नारायण : विजयाराजे!

विजया : *(मुस्कुराहट दबाकर)* रानी सरकार!

प्रन्नारायण : क्षमा करें। रानी साहबा मगर आप...

विजया : हमारे मन्त्रिमण्डल की...नहीं, बचे हुए मन्त्रिमण्डल की ऐसी ही इच्छा है कि हम भीड़ के बीच जायें। अपनी लोकशाही परम्परा के अनुसार मन्त्रिमण्डल की इच्छा को हम मान्य करते हैं। चल प्रतिहारी!

[प्रन्नारायण आगे, पीछे विजया जाते हैं। मन्त्रियों के बीच बेहद उत्सुकता तथा हर्ष।]

व्रात्यसोम : व्याहवा! बहुत अच्छे!

पिष्टकेशी : रानी अमर रहे!

कर्कशीर्ष : इसे कहते हैं कर्त्तव्यनिष्ठा। व्रात्यसोम, खिड़की खोलिए। अब इस तरफ़ कोई ख़तरा नहीं।

पिष्टकेशी : फिर भी सवाधानी से रहना चाहिए।

[खिड़की खोलकर देखने लगते हैं। भीड़ का प्रचंड हो-हल्ला। कान सुन्न हो जाते हैं। एक पत्थर आता है। व्रात्यसोम खिड़की बन्द कर लेते हैं]

व्रात्यसोम : बाप रे। भीड़ बहुत बौखलाई हुई है।

पिष्टकेशी : रानी साहबा भीड़ के बीच में जाकर बड़ी भयंकर भूल कर रही हैं। *(कर्कशीर्ष से)* गयी है न? सममुच?

कर्कशीर्ष : *(खिड़की में कान लगाकर)* हाँ। हल्ला कुछ कम हुआ है।

व्रात्यसोम : भगदन्त के पीछे रानी। राम राम। मुझे बड़ा दुख हो रहा है। मेरे लिए वह बेटी की तरह थी।

कर्कशीर्ष : धैर्य कितना है। कुछ भी हो, है तो महाराज का ही रक्त न।

पिष्टकेशी : उम्र भी वैसे ज़्यादा नहीं थी।

कर्कशीर्ष : मैंने तो उसे बहुत छोटे से देखा था।

व्रात्यसोम : आप अपनी क्या कहते हैं कर्कशीर्ष। अरे एक दफा की बात आपको बताऊँ। महाराज की पीठ पर वह घोड़ा-घोड़ा खेल रही थी। मैं जैसे ही पहुँचा उसने मुझे घोड़ा बनाने की हठ ठान ली और मुझे घोड़ा बनाकर छोड़ा। यह घटना तो बिल्कुल ऐसी याद है जैसे कल ही घटी हो। खैर छोड़िए। पिष्टकेशी! भीड़ चुप क्यों लग रही है?

कर्कशीर्ष : *(खिड़की में कान लगाकर)* यह क्या? फिर शोर होने लगा।

पिष्टकेशी : *(ठण्डी साँस भरकर)* हूँ। राजसिंहासन काँटों का आसन है। हम लोगों को पत्रक की तैयारी में लगना चाहिए। यही उचित है।

व्रात्यसोम : जनता भी कितनी भयंकर हो उठी है पिष्टकेशी। पत्रक दर पत्रक निकालना होगा। भगदन्त को भूलने से काम नहीं चलेगा।

कर्कशीर्ष : कर्मठ और कर्त्तव्यनिष्ठ आदमी। एक पिछड़ी हुई जाति में से ऊपर आया हुआ।

पिष्टकेशी : ऊपर से निरक्षर। बहुत ही विलक्षण।

व्रात्यसोम : देश पर निछावर होने वाला व्यक्तित्व!

[विजया आती है। पीछे-पीछे प्रन्नारायण। सब स्तम्भित]

तीनों : *(आश्चर्यचकित होकर)* आप?

विजया : क्यों मन्त्रिमण्डल को आश्चर्य हुआ? *(तीनों अचकचाते हैं)* हम जैसे ही उनके सामने गये हमारे विरुद्ध भड़की हुई हमारी प्रजा ने हमारी मृत्यु की कामना में तीन बार

ज़ोर-ज़ोर से नारे लगाये। हमारी दिशा में दो-एक पत्थर आये। उसी समय हम गरजे, यह बेहूदापन बहुत हो चुका बन्द कीजिए यह सब! एकदम ख़ामोश! हमारे इतना कहते ही एक क्षण के लिए सब तरफ़ सन्नाटा छा गया। कहीं वह लोग डर कर चले न जायें इसलिए हम बोलते रहे। जो कुछ मुँह में आया बोलते रहे। हम क्या बोल रहे हैं यह हम खुद भी नहीं समझ रहे थे। मगर जमाव चकित होकर सुन रहा था। हमने भीड़ को गालियाँ दीं। भीड़ ने ज़ोर से तालियाँ बजाईं। हमने भीड़ की भर्त्सना की। भीड़ ने हमारी जय-जयकार की। हमने भीड़ से जवाबदेही की। भीड़ चुप खड़ी रही। तब हमने भीड़ की तरफ़ पहली बार देखा तो वह हमें किसी राक्षस की तरह विकराल और भयंकर लगी। वह क़िसी उम्मीद में खड़ी थी। उसे कुछ चाहिए था। हमें उस विकराल जन-समुदाय की स्तब्धता पर दया आ गयी। हमने कहा, हम अपनी प्रजा के कल्याण के लिए अपनी जान लगा देंगे। फिर भी भीड़ की स्तब्धता वैसी ही रही। हमने कहा कि प्रजा के कर माफ कर दिये जायेंगे। फिर भी भीड़ स्तब्ध! मुझे लग रहा था कि भीड़ असन्तुष्ट है। फिर हमने कहा प्रजा के कल्याण के बहाने से आज तक इकट्ठा की गयी मन्त्रियों की व्यक्तिगत सम्पत्ति की खुलेआम .जाँच-पड़ताल की जायेगी। इसके साथ ही भीड़ खिल उठी। फिर हमारी जय-जयकार हुई। हमने कहा, अपराध सिद्ध होते ही अपराधी मन्त्रियों को कड़ी सज़ा दी जायेगी। यह सुनकर भीड़ और भी खुश हुई। हमने चिल्लाकर कहा, मन्त्रिमण्डल को धिक्कार हो! भीड़ ने तुरन्त ही हमसे भी ज़्यादा ज़ोर से चिल्लाकर इसे दुहराया। है न प्रन्नारायण?

[प्रन्नारायण सिर हिलाकर हामी भरता है]

वह रोमांचक क्षण था। भीड़ को जो भी चाहिए वह मिल रहा है ऐसा मुझे महसूस हुआ। तभी पीछे से बारीक आवाज़ में कोई बोला, कदम्ब पुनर्वसन योजना रद्द होनी

ही चाहिए। साथ-साथ और चार आवाज़ों ने अशक्त स्वर में वही बात दुहराई। हमें लगा कि कुछ न कुछ तुरन्त करना चाहिए भीड़ अभी भी अतृप्त है। हमने चिल्लाकर कहा, कदम्ब पुनर्वास योजना और उसे बनाने वाले मन्त्रियों का...भीड़ चिल्लाई, धिक्कार हो। प्रन्नारायण! कितना रोमांचकारी प्रसंग था न? हमने फिर चिल्लाकर वही दुहराया बार-बार ज़ोर-ज़ोर से वही दुहराते रहे, और भीड़ भी उतनी ही ज़ोर से धिक्कार भेजती रही। बुलन्द आवाज़ में नारे लगाती रही, व्रात्यसोम मुर्दाबाद। भगदन्त तो ख़त्म ही हो गये। भीड़ आप सबके नाम पर मुर्दाबाद के नारे लगाती रही। इन्हीं नारों के बीच हमने आप लोगों को मुक्त कर देने का तथा उनसे आप लोगों की भेंट कराने का वचन दिया, और अपनी जय-जयकार सुनती हुई वापस आ गयी।

[कर्कशीर्ष, व्रात्यसोम, पिष्टकेशी के होश भय के मारे उड़े हुए]

हम तो लौट आये अब हमारे मन्त्रियों की बारी है!

[तीनों भयत्रस्त हैं। मुँह से शब्द नहीं निकल रहे हैं। विजया खिड़की खोलती है। भीड़ का विकराल होहल्ला अन्दर घुसता है।]

विजया : मन्त्रिमण्डल जनता से भेंट करने जाए। प्रन्नारायण इन्हें ले जा।

कर्कशीर्ष : *(जैसे-तैसे)* यह...यह भयंकर है...

व्रात्यसोम : वहाँ जाने की मेरी इच्छा नहीं है। मैं जाऊँगा नहीं।

[पिष्टकेशी तो बैठ ही जाते हैं]

विजया : *(उनकी दशा में मज़ा लेकर)* मन्त्रिमण्डल भयभीत दिखाई दे रहा है। देरे होने पर भीड़ किसी भी समय राजभवन के भीतर घुसे बिना नहीं रहेगी। वह बहुत अधिक आवेश में है। है न प्रन्नारायण?

[वह सिर हिलाता है]

मन्त्रिमण्डल अब जाये।

कर्कशीर्ष : म...मन्त्रिमण्डल की जाने की इच्छा नहीं।

विजया : लोकशाही के कायदे-कानून सिखलाने वाला मन्त्रिमण्डल लोगों की भीड़ के बीच जाने से घबराता है? छिः छिः छिः। यह हमारे मन्त्रिमण्डल के ऊपर शोभा नहीं देता। उठिये पिष्टकेशी! जनता बुला रही है। आप अगर उनके पास नहीं गये तो भीड़ आपसे भेंट करने अन्दर आ जायेगी।

पिष्टकेशी : *(असहाय होकर)* मुझे बचाइये।

कर्कशीर्ष : म...मैं तो हमेशा से...राजनिष्ठ हूँ...यह...यह सब व्रात्यसोम का किया धरा है।

व्रात्यसोम : गलत। मैंने तो सिर्फ़ कल्पना बताई थी। निर्णय तो आप लोगों ने एक मत से किया था। आप दोनों ने मेरी पीठ में छुरा मारा है, बस इतना ही मैं कह सकता हूँ।

विजया : मन्त्रिमण्डल के पास बहस करने के लिए समय नहीं है। जल्दी कीजिए।

कर्कशीर्ष : मैं सिर्फ़ सिद्धान्त के लिए विरोध करता था। वैसे मैं पूरी तरह से राजनिष्ठ हूँ।

पिष्टकेशी : मैं तो बिल्कुल ही किसी झगड़े में नहीं हूँ।

व्रात्यसोम : मन्त्रिमण्डल की प्रतिष्ठा के लिए ही मेरे सारे प्रयत्न थे। मेरा अकेले का तो कोई प्रश्न ही नहीं।

[पिष्टकेशी धीरे-से खिड़की खोलते हैं। भीड़ का भयंकर होहल्ला भीतर घुसते ही झट से बन्द कर देते हैं]

पिष्टकेशी : बाप...रे। म...मन्त्रिमण्डल की र...रक्षा की ज़िम्मेदारी इसके बाद सिंहासन की है ऐसा म...मैं समझता हूँ।

विजया : ठीक है। अपना कर्त्तव्य हमें करना ही चाहिए। प्रतिहारी झटपट इनका वेशान्तर करो। जाओ!

[प्रन्नारायण तीनों को लेकर अन्दर जाता है। बुरके में एक स्त्री भागती हुई आती है]

अरण्यकेतु : *(बुरका उतारकर अस्त-व्यस्त हाल में)* रानी सरकार की जय-जयकार करता हूँ। विजय का समाचार मिलते ही अपनी जान की परवाह न करके आपके पास भागा चला आ रहा हूँ। रानी सरकार की विजय हो! कदम्ब पुनर्वसन

योजना की जय हो। मेरा विरोध तो सिर्फ़ ब्यौरे तक ही था। सिद्धान्त से तो मैं शुरू से योजना के पक्ष में था। रानी सरकार का नेतृत्व ही द्वीप का उद्धार करेगा ऐसा मैं शुरू से मानता आया हूँ। मन्त्रिमण्डल की तरफ तो मैं कभी भी नहीं था। यह सिर्फ़ एक गलतफहमी थी कि मैं उन्हीं में से एक हूँ।

[वेशान्तर अर्थात् स्त्री वेश में, व्रात्यसोम, कर्कशीर्ष, पिष्टकेशी आते हैं। ये तीनों अब काफ़ी सँभले हुए हैं]

यह कौन? कर्कशीर्ष? पिष्टकेशी? और यह व्रात्यसोम? पहचानना ही मुश्किल है!

कर्कशीर्ष : आप कब आये?

पिष्टकेशी : हमेशा की तरह देर करके। यानी कि ठीक वक़्त पर यहाँ पहुँचा।

व्रात्यसोम : इस बार भी आपकी नाक ऊँची रही। हम ही मूर्ख...

पिष्टकेशी : *(खिड़की की आहट लेकर)* परिस्थिति काबू में आयी लगती है कर्कशीर्ष।

व्रात्यसोम : उसके अतिरिक्त यह वेशान्तर भी है। मतलब कि अब कोई भय नहीं।

कर्कशीर्ष : जान का ख़तरा टल गया व्रात्यसोम, भयंकर था। ओफ! बहुत ही भयंकर।

व्रात्यसोम : राजनीति में रहने वाले पर अक्सर ऐसे प्रसंग आते ही हैं कर्कशीर्ष। ऐसे अवसर पर अगर दृढ़ से दृढ़ राजनीतिक भी इस तरह ढुलढुल हो जाए तो बस फिर हो चुका। आप दोनों तो एकदम ही भयभीत हो उठें थे।

पिष्टकेशी : क्या बेकार की बात करते हैं, जैसे आप हमसे अलग थे!

व्रात्यसोम : मगर मैं तो वैसे ठीक था।

[अरण्यकेतु खिड़की खोलते हैं]

अरण्यकेतु : भीड़ तितर-बितर हो गयी है और अब वापस लौट रही है। रानी सरकार की जय-जयकार कर रही है।

[भगदन्त लड़खड़ाते हुए फटे कपड़ों में आते हैं। अभी भी चेहरे पर मुस्कान है]

चारों मन्त्री : *(सहर्ष)* आइए-आइए, भगदन्त! आखिर आप जीवित बच गये। अभिनन्दन।

भगदन्त : *(सस्मित)* भीतरी मार। *(मुड़कर विजया से)* रानी सरकार की जय-जयकार हो।

विजया : मन्त्रिमण्डल कुशल से है यह देखकर हमें बहुत आनन्द हो रहा है। *(एकाएक एकदम कठोर स्वर में)* एक कतार! *(सब जल्दी-जल्दी एक पंक्ति में खड़े हो जाते हैं)* घूम जाओ! *(सब प्रेक्षकों की तरफ़ पीठ करके खड़े हो जाते हैं।)*

[विजया विचित्रवीर्य की तरह उनके चारों तरफ़ रिंग मास्टर की तरह चक्कर लगाती हुई न सुनाई देने वाले प्रवचन देने लगती है। वैसा ही हाव-भाव, वैसा ही चेहरा। दो तरफ़ से बड़ी-बड़ी कलमें लिए हुए दोनों कलमधारी आकर प्रेक्षकों के सामने खड़े होते हैं]

कलमधारी : *(कलमों को तुरही की तरह होठों से लगाकर साथ-साथ)* *विजया रानी की जय-जयकार / दम्भद्वीप में चमत्कार!*

बारी-बारी से : *मन्त्रिमण्डल की सम्पूर्ण पराजय / विशेष सन्दर्भ को देखिए पृष्ठ छय*

हमने तो पहले ही कहा था / हमने तो अनुमान किया ही था हमारा अन्दाज़ सही ही था / ज्योतिष गलत नहीं ही था।

दोनों : होगा!

विजया महारानी का भव्य सत्कार
दम्भद्वीप में चमत्कार!

दम्भद्वीप में चमत्कार!

[प्रन्नारायण आगे आता है। दोनों कलमधारी अब एकदम स्तब्ध हो जाते हैं। पीछे मन्त्रीजन तथा रानी हैं। दृश्य का टैब्लो। प्रन्नारायण आगे आकर प्रेक्षकों को मुस्कराकर अभिवादन करता है]

प्रन्नारायण : दम्भद्वीप की ओर से मैं आपके सुख-शान्ति तथा समृद्धि के हज़ारों वर्ष की कामना करता हूँ। आपके ही कारण मुक़ाबले में रंग चढ़ता है। मैं लड़ने वालों में नहीं। जब से होश में आया हूँ राजभवन के रनिवास में पला-बढ़ा हूँ। कारण कि मैं तृतीय पन्थी था। ज़िन्दगी की डाल में उलटा लटका हुआ एक पिशाच। संसार का मुझे सदा उलटा ही दर्शन मिला। और मज़ा यह कि उलटी ओर से इस संसार के जीव उलटे, सरल तथा सच्चे दिखाई देते हैं। आप मुझे उलटे दिखते हैं...एक आकारहीन, स्वभावहीन, स्वत्वहीन समुदाय, भीड़। सारे मुक़ाबले का मैं अन्धा-गूँगा और बहरा प्रेक्षक, मनुष्यों को राजनीतिक, राजनीतिक को राजमन्त्री, मन्त्रियों को पाताल यन्त्री और यशस्वी पाताल यन्त्रियों को अमानवीय रोबो, उर्फ यन्त्र-मानव बना देने वाला। हाथ पीटने वाला और मुँह से विचित्र आवाज़ें निकालने वाला, एक आश्चर्यचकित करने वाली अदम्य शक्ति! मुक़ाबला ख़त्म हुआ। मुक़ाबला चल रहा है। मुक़ाबला चलता रहेगा...आज का ख़त्म हुआ!

(परदा गिरता है।)

□□